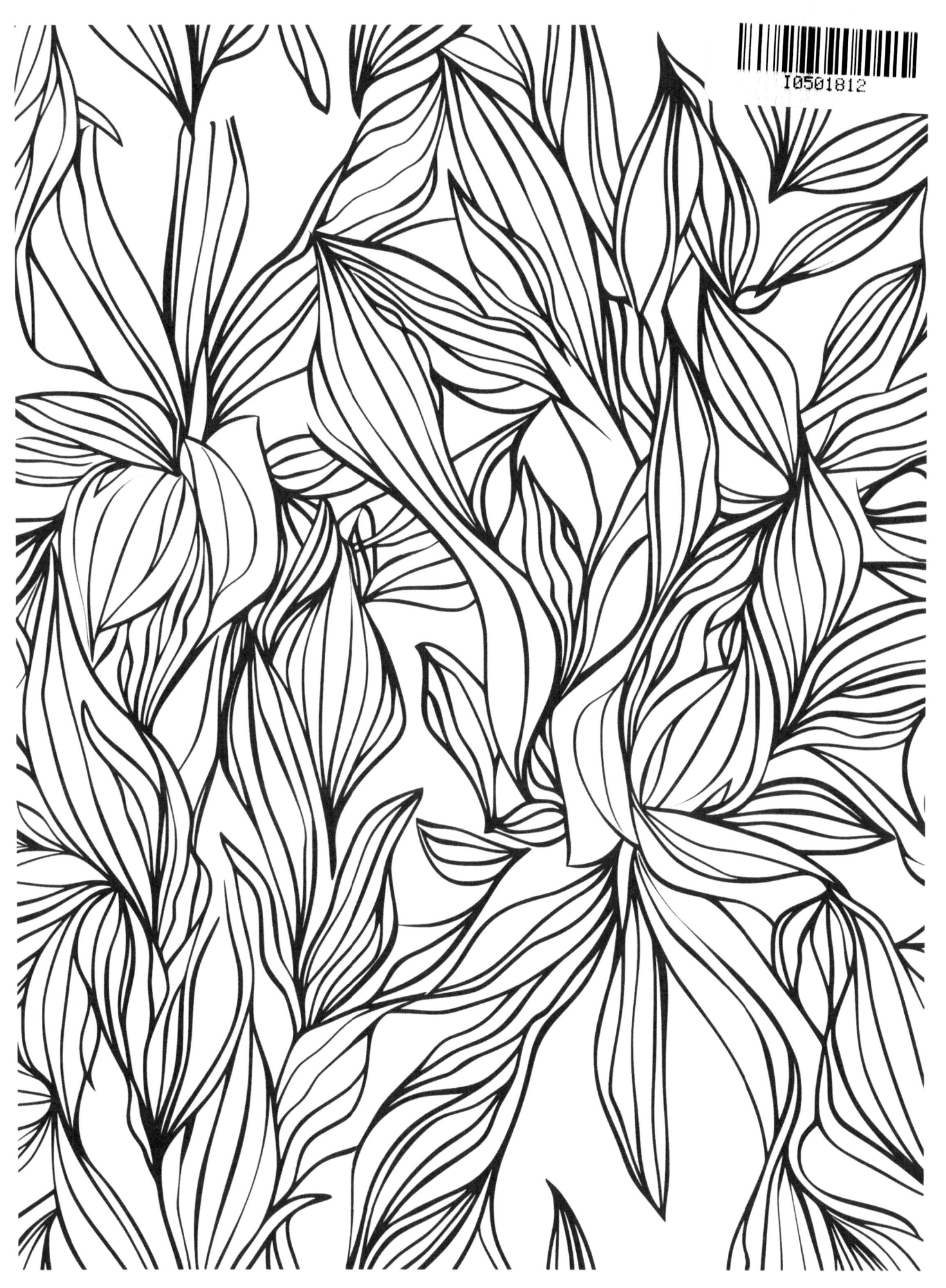

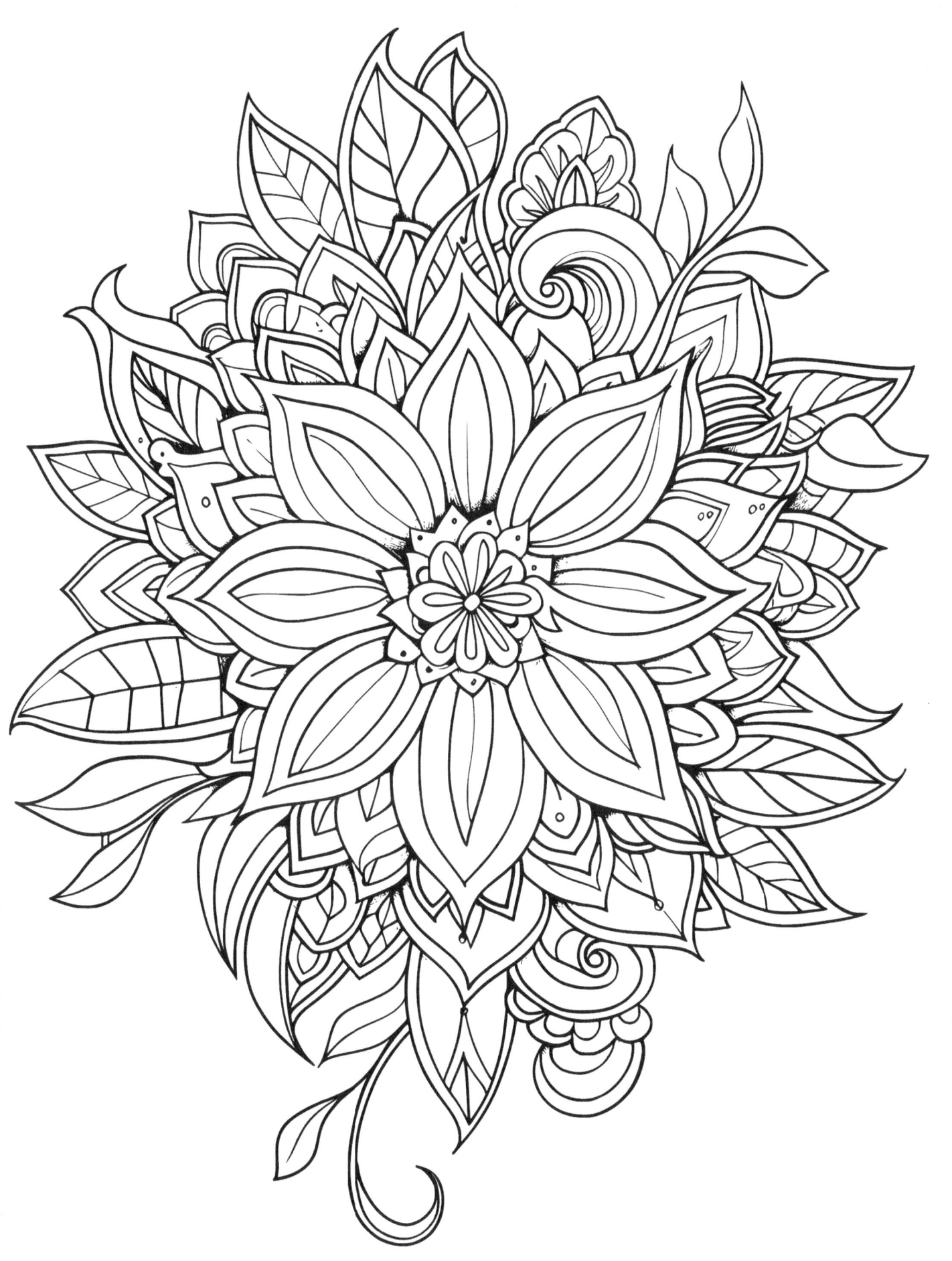

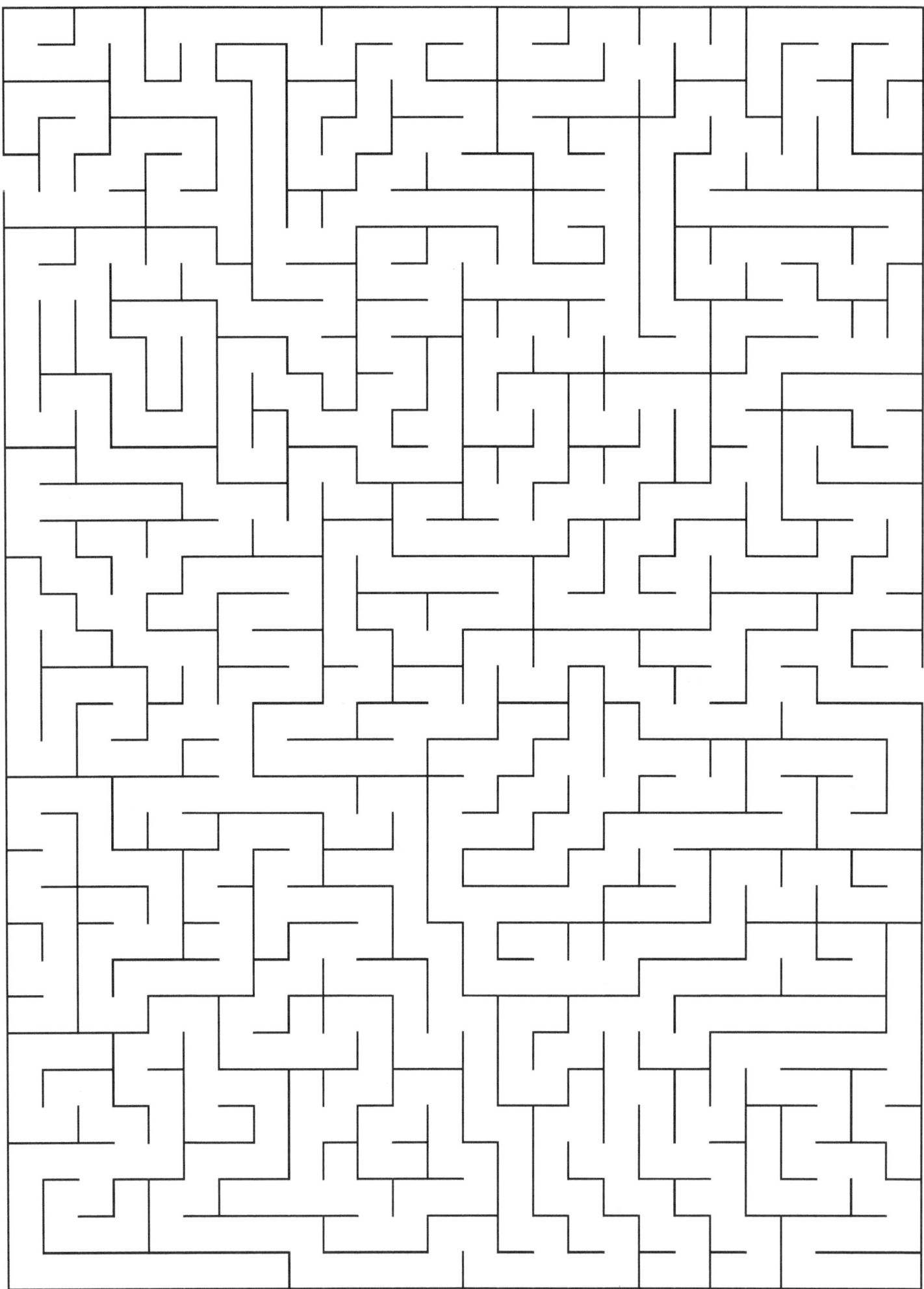

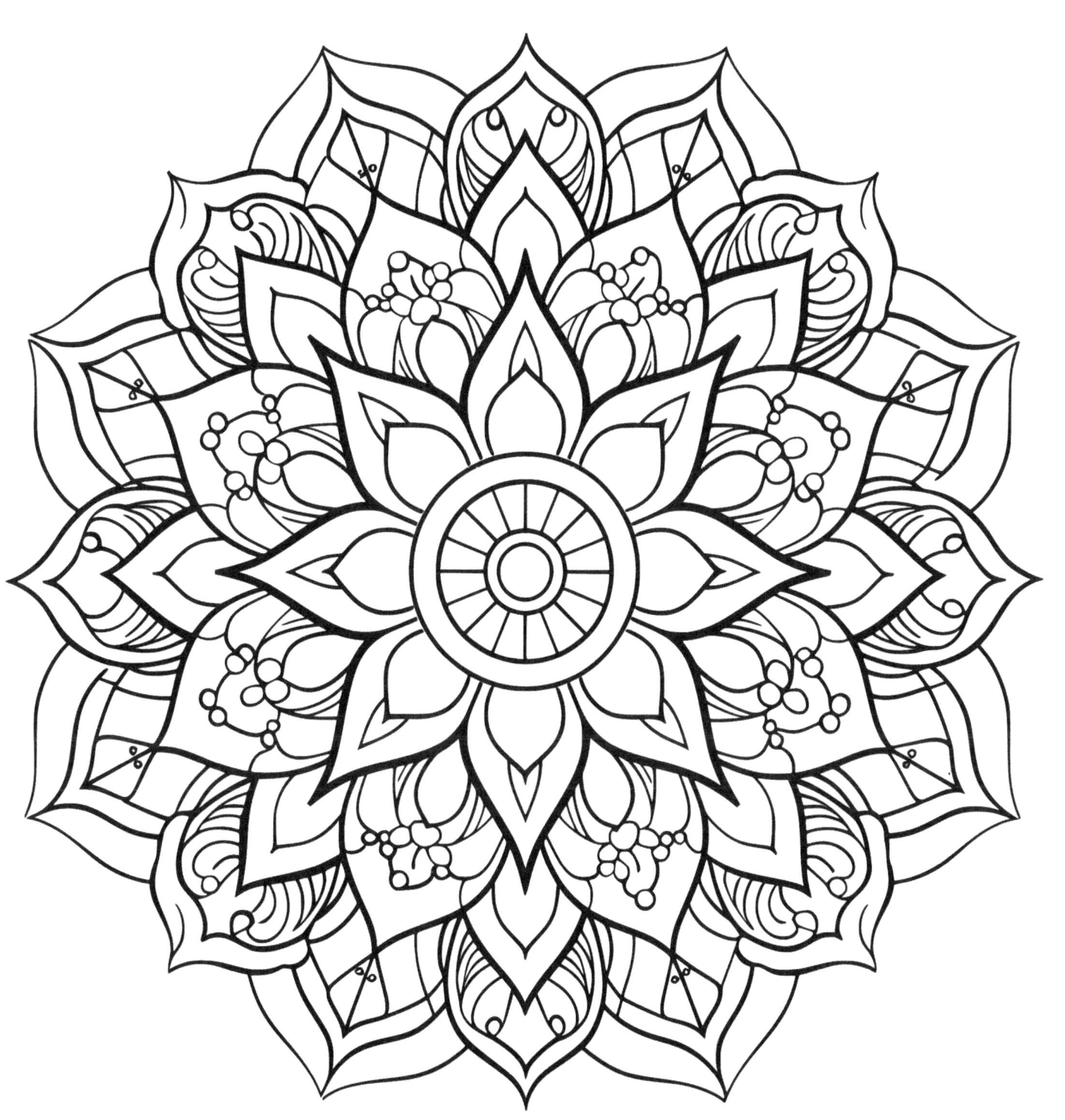

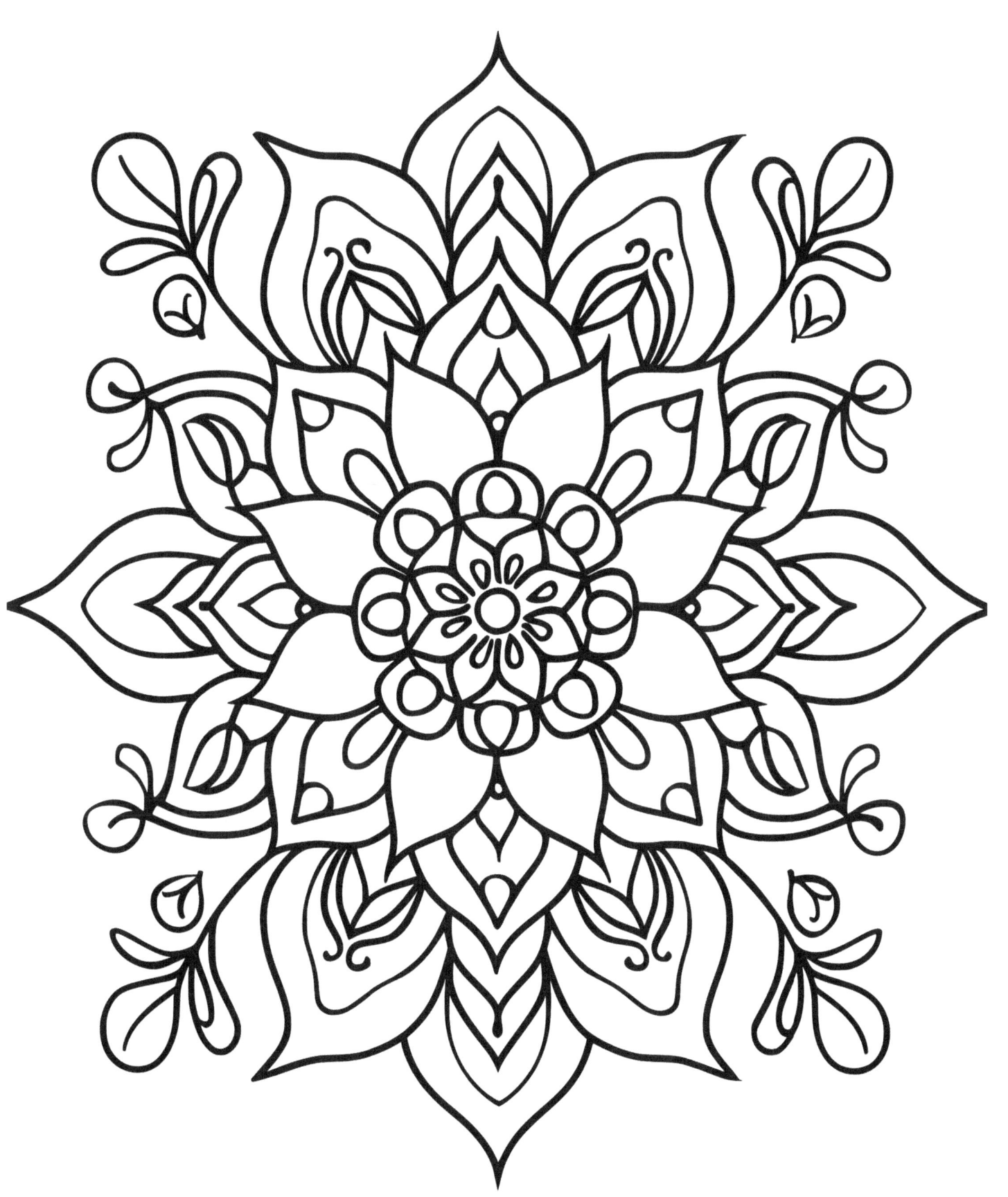

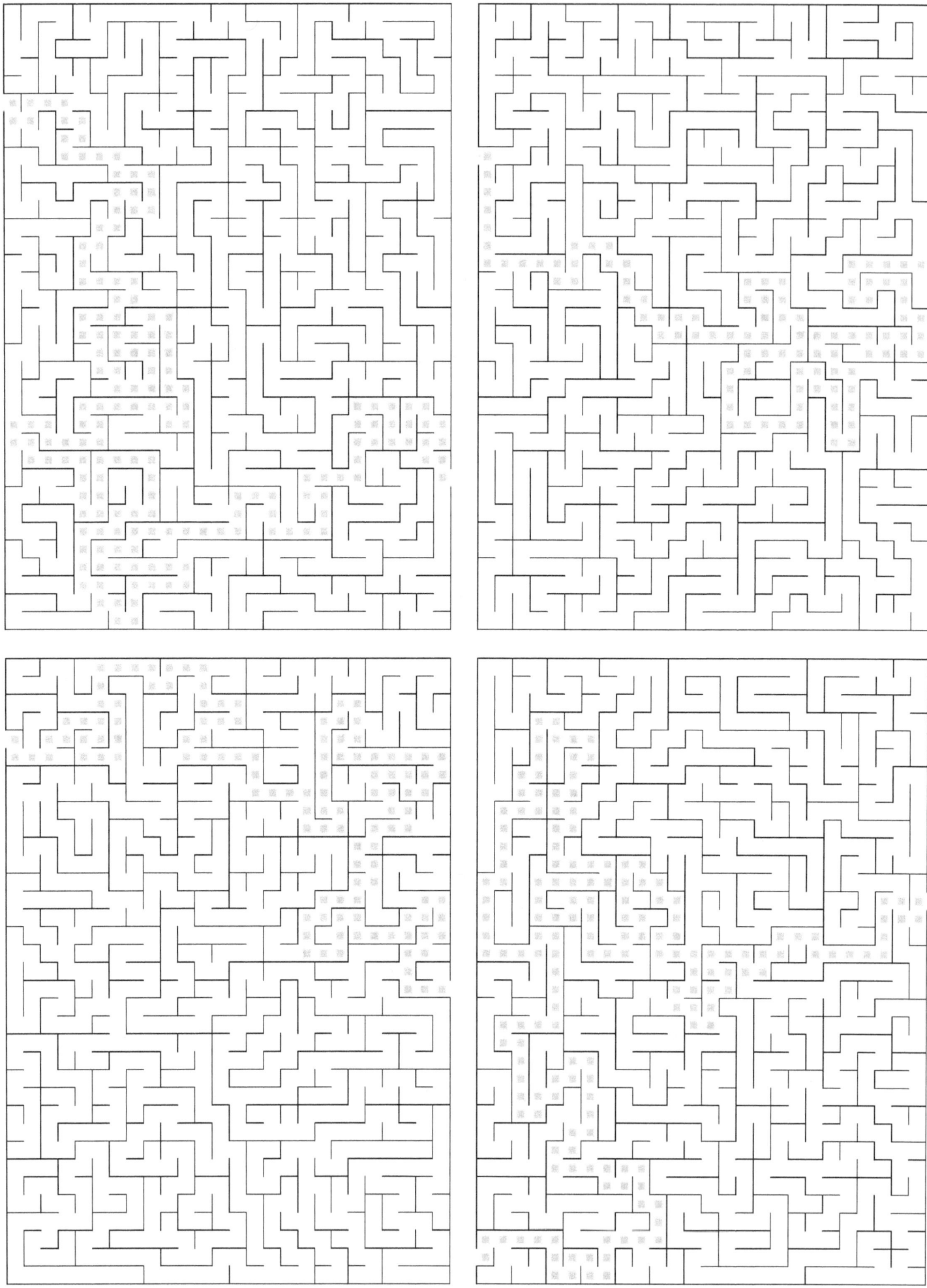

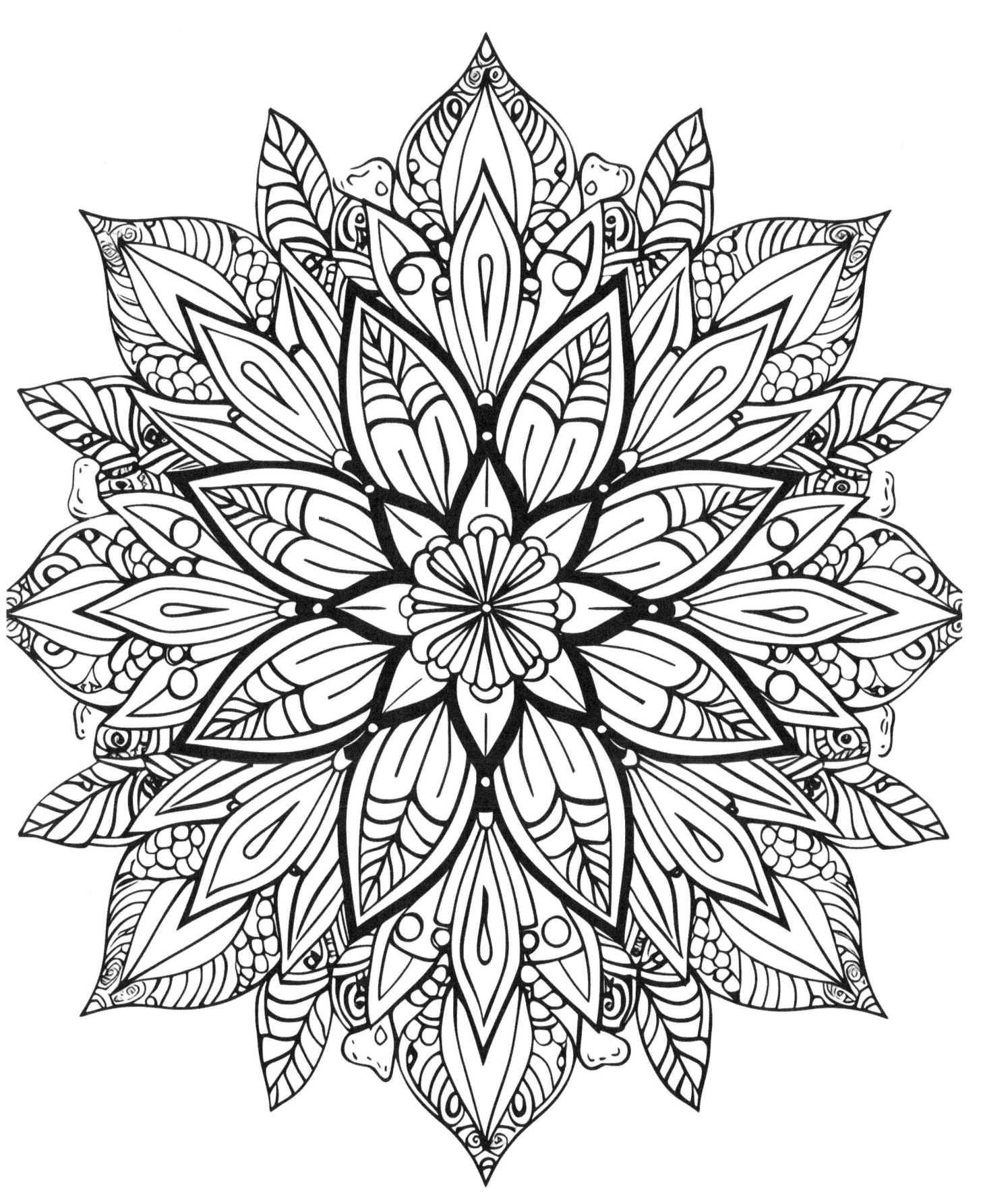

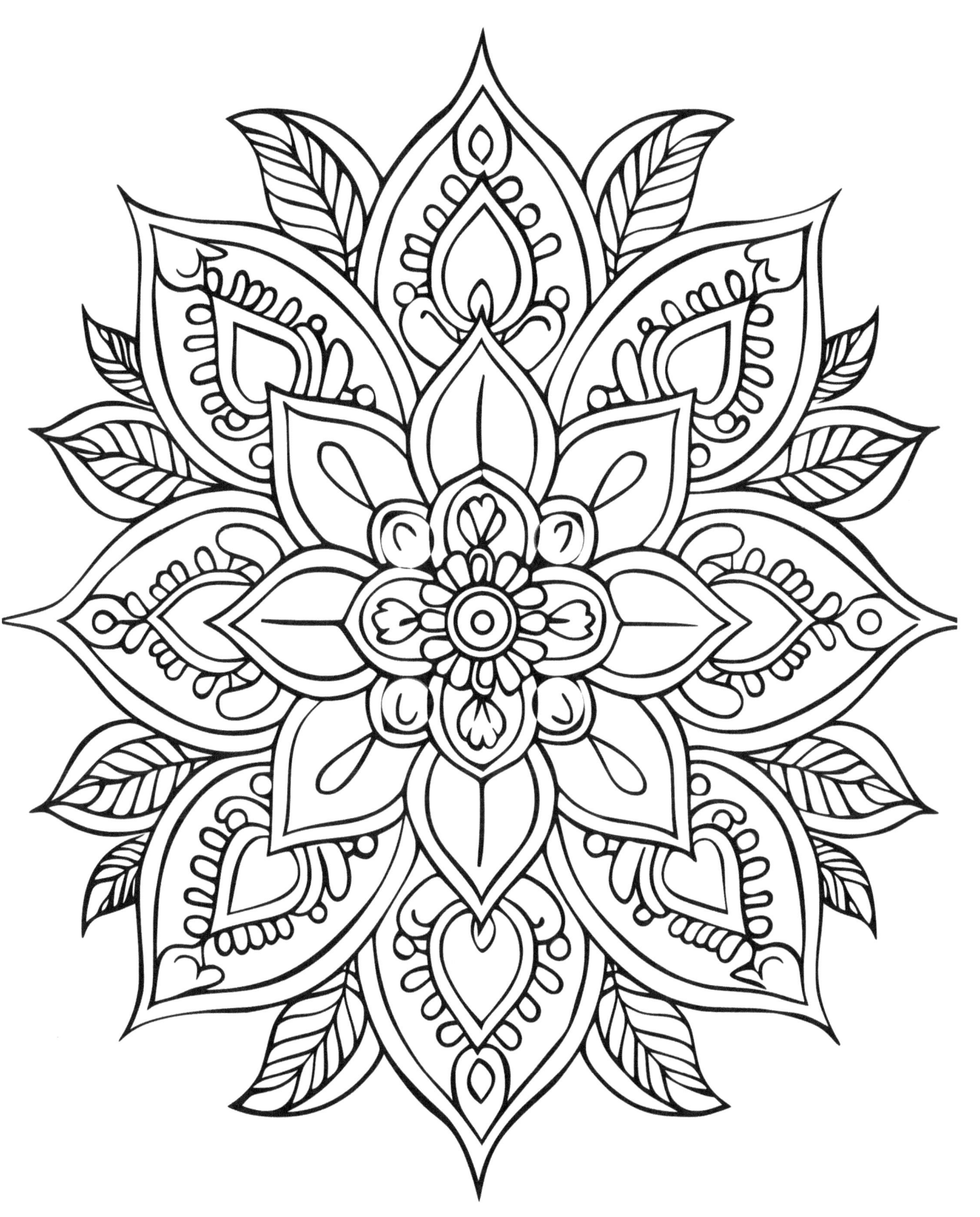

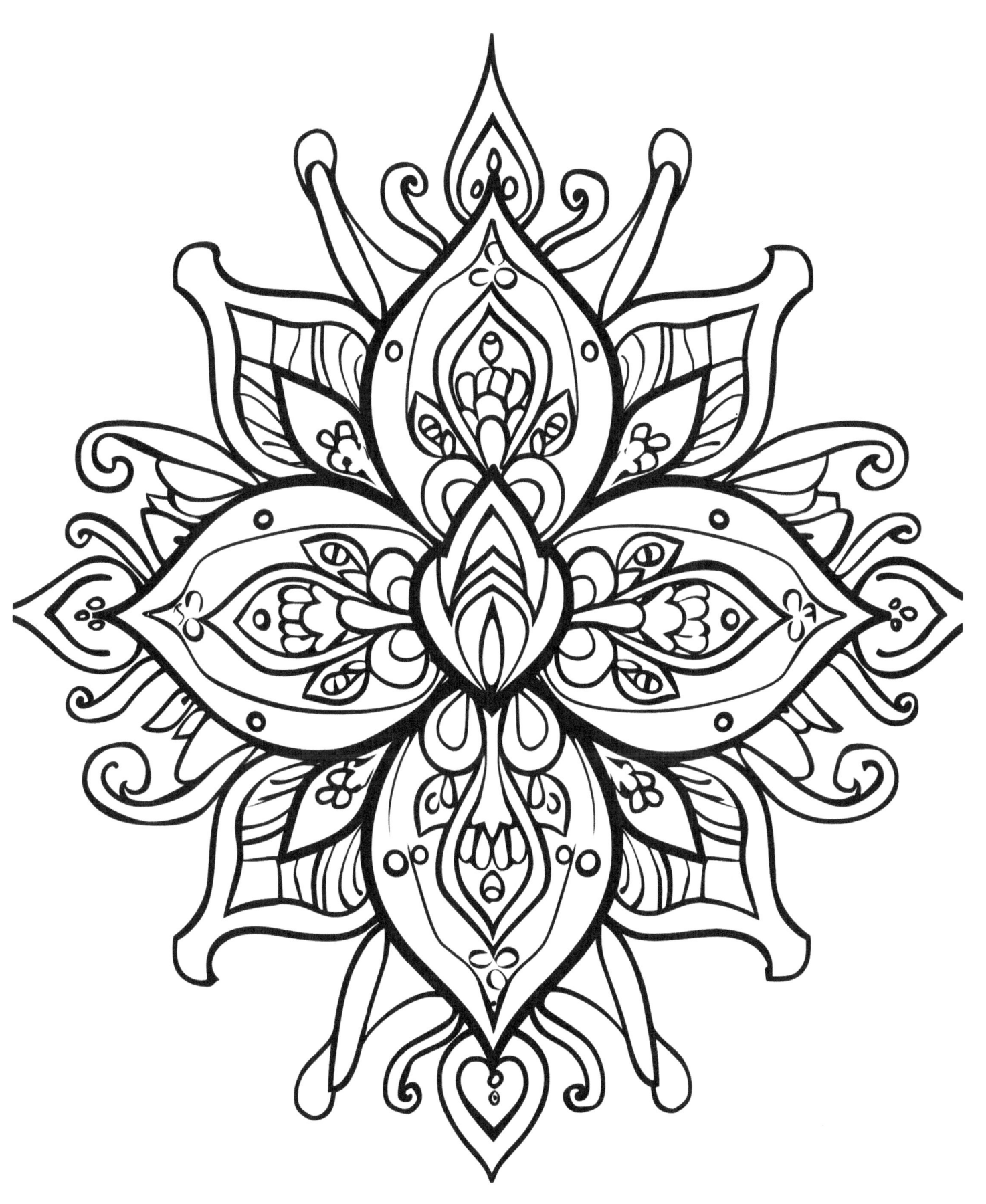

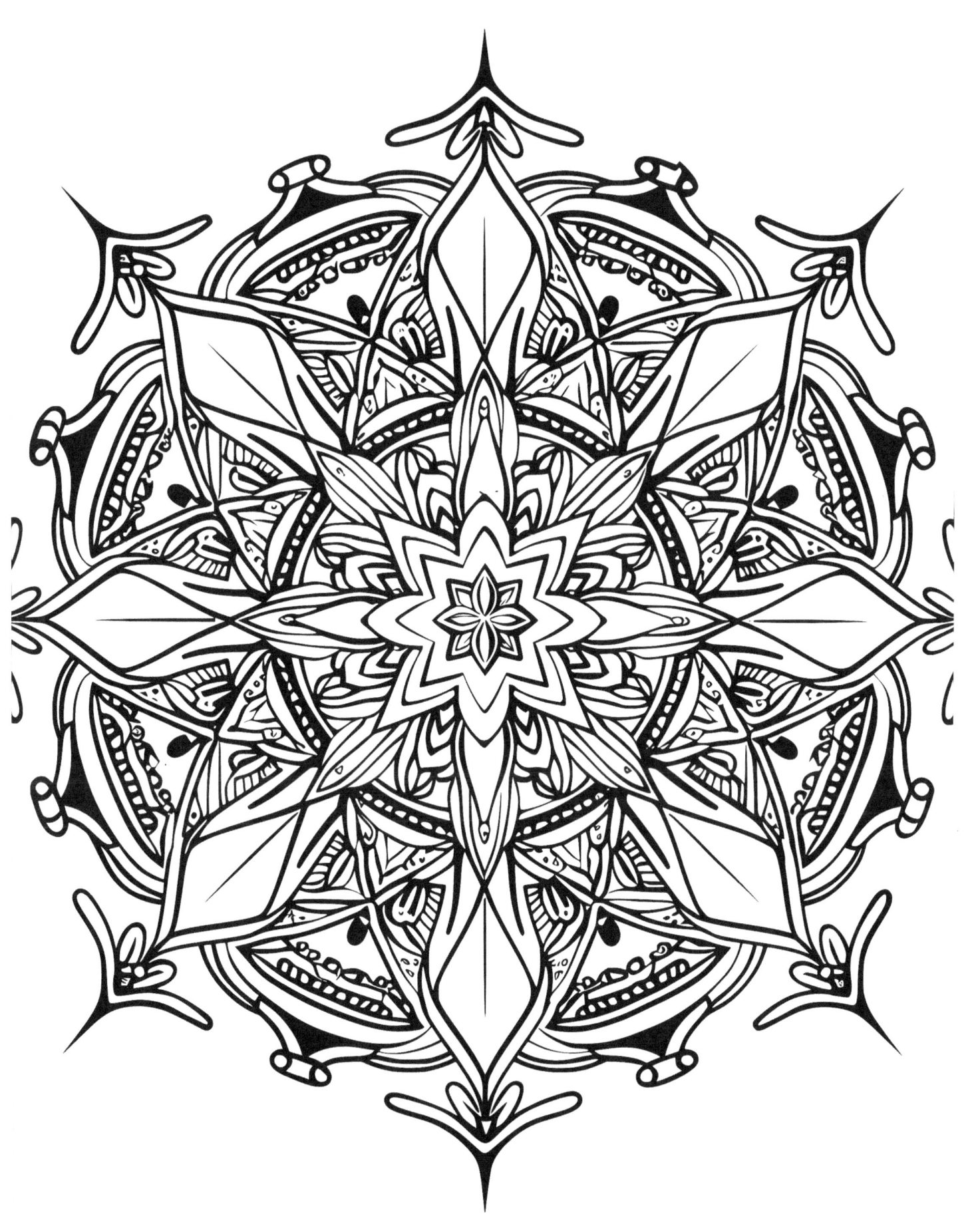

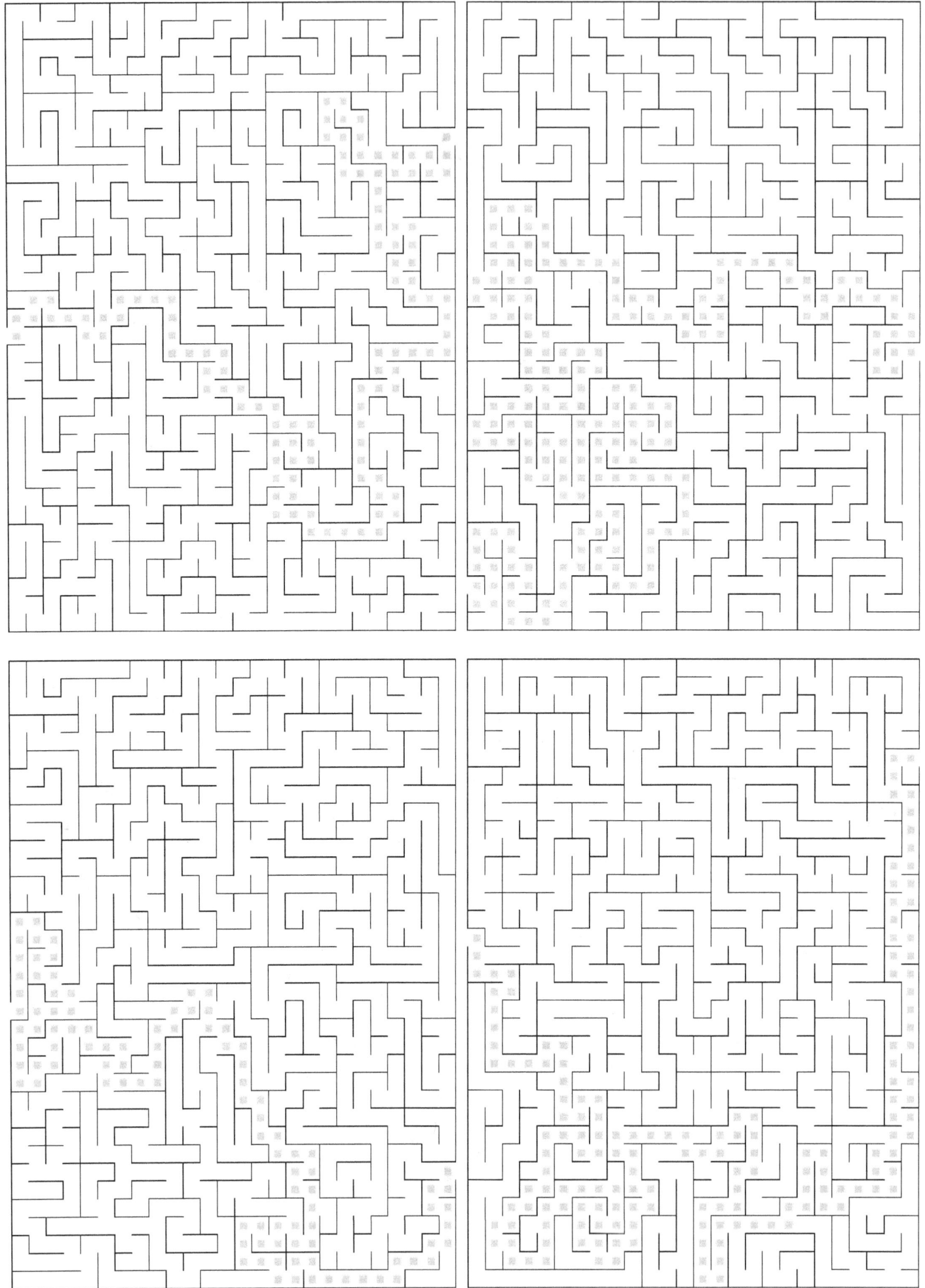

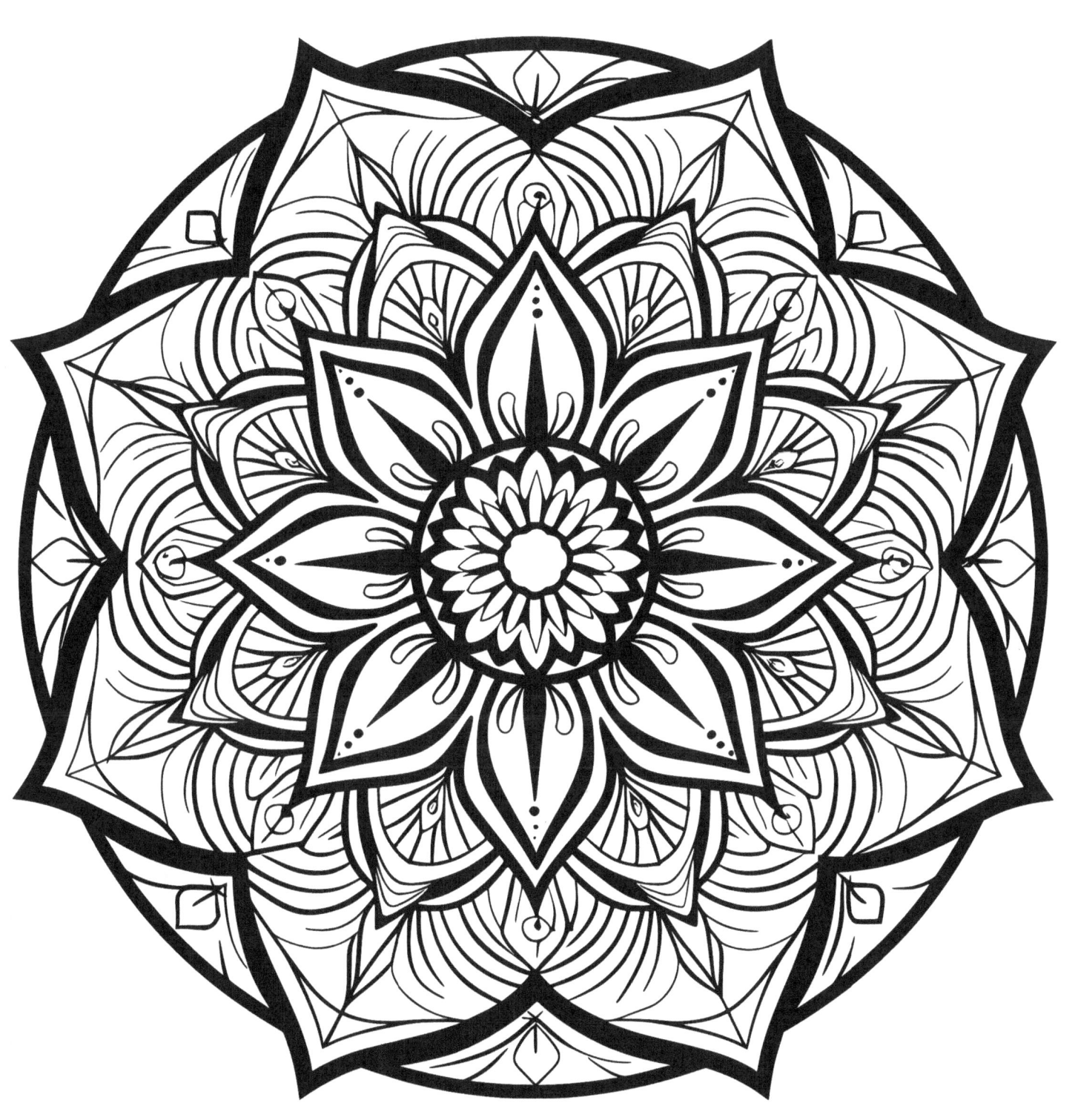

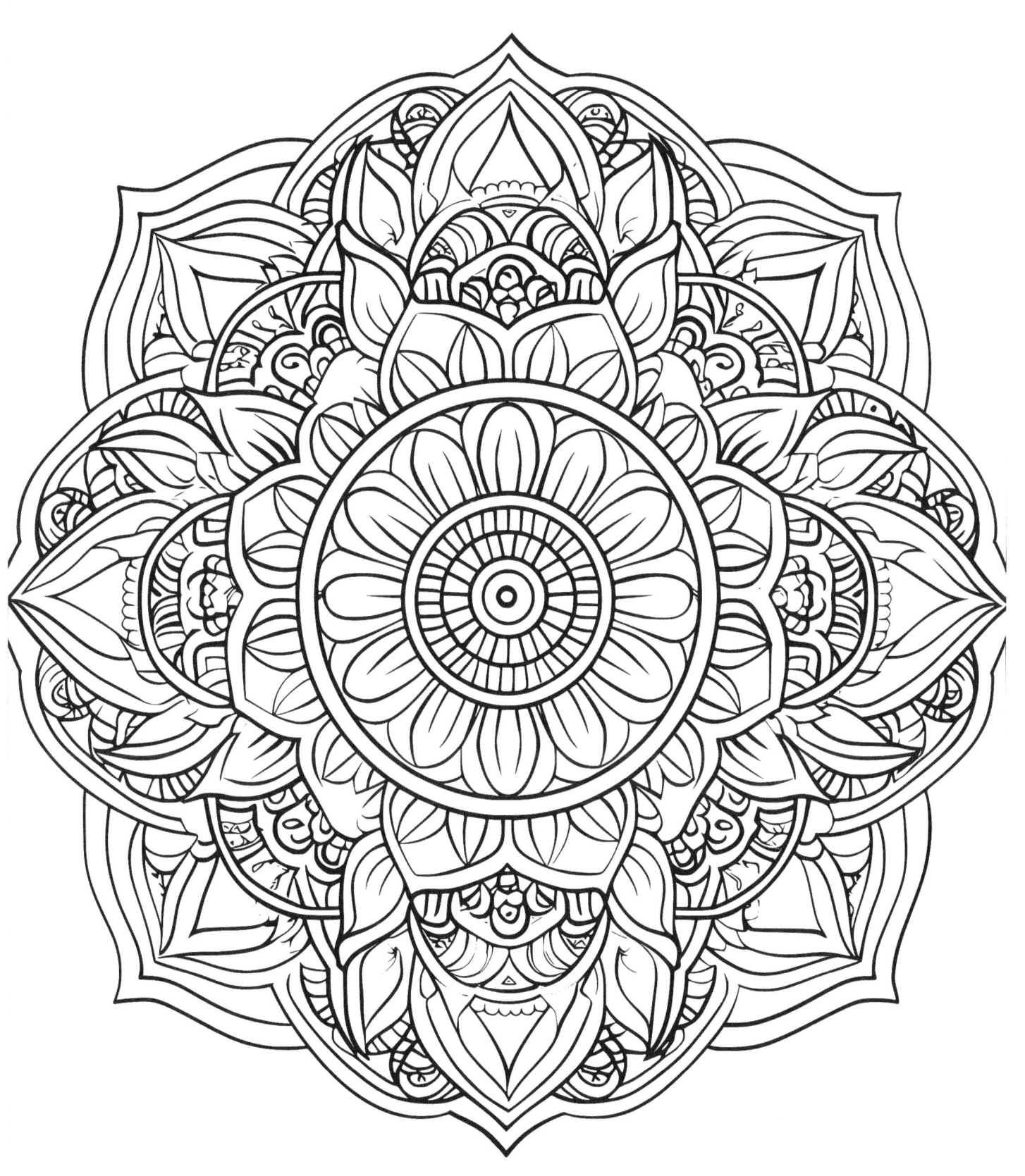

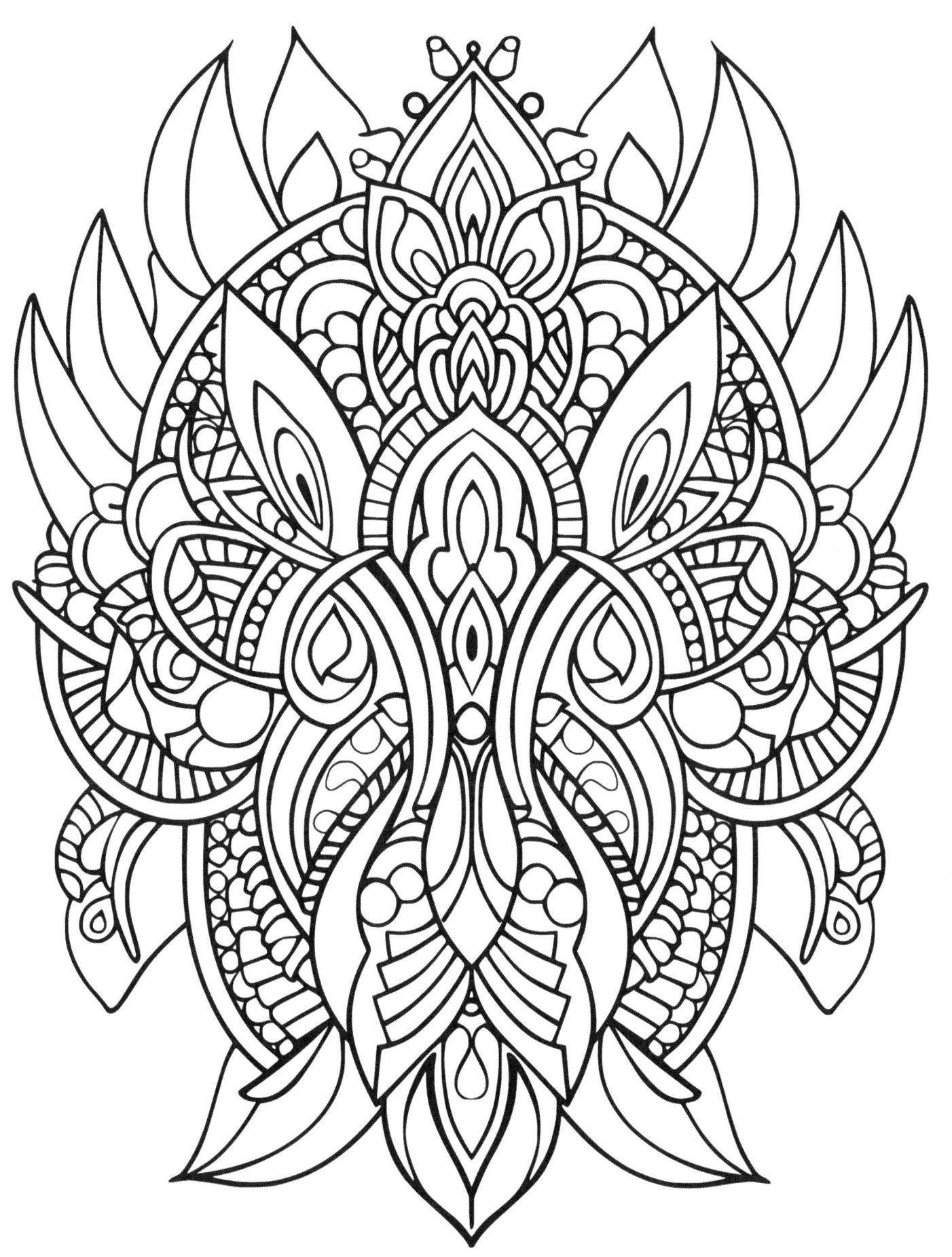

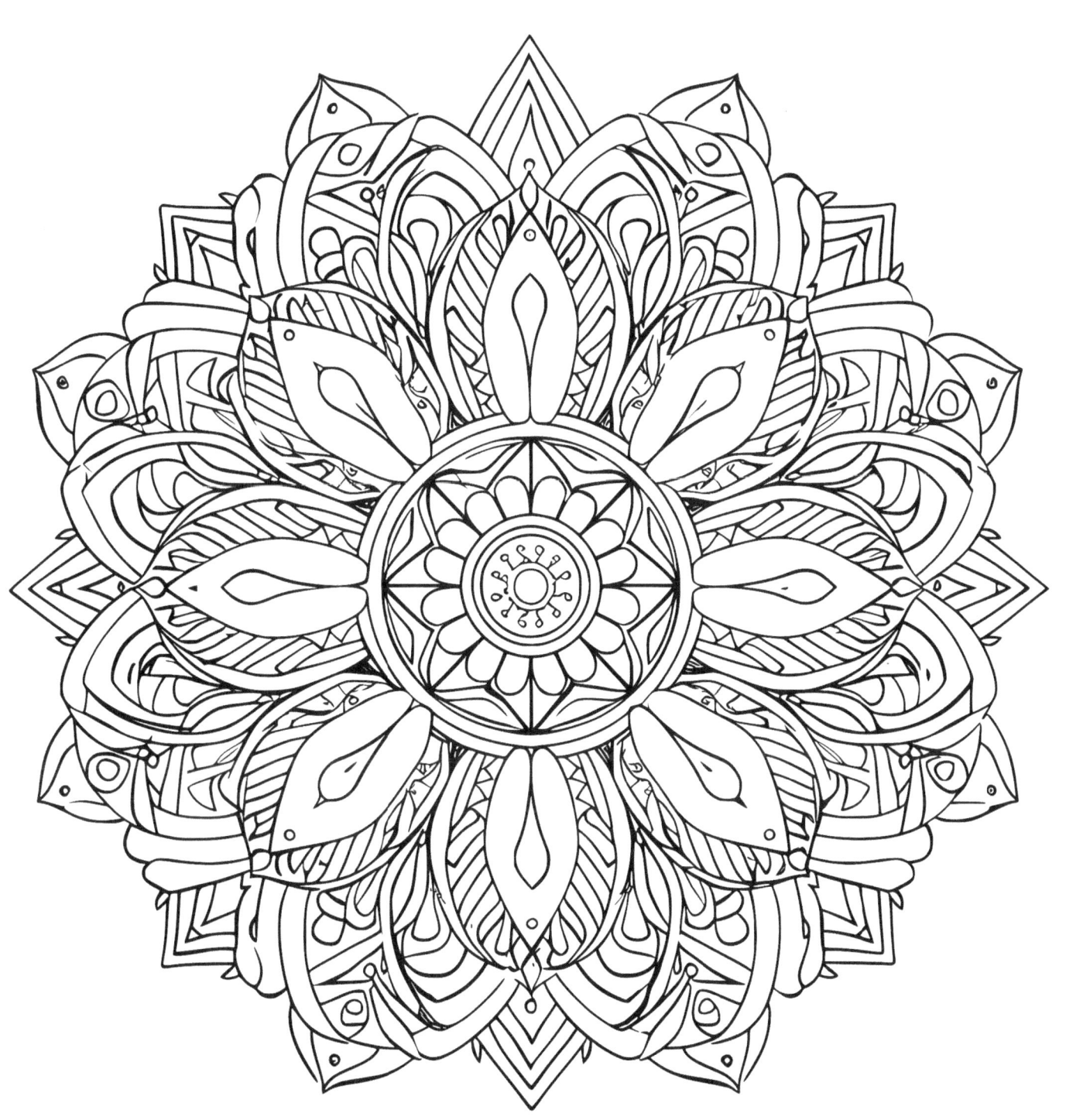

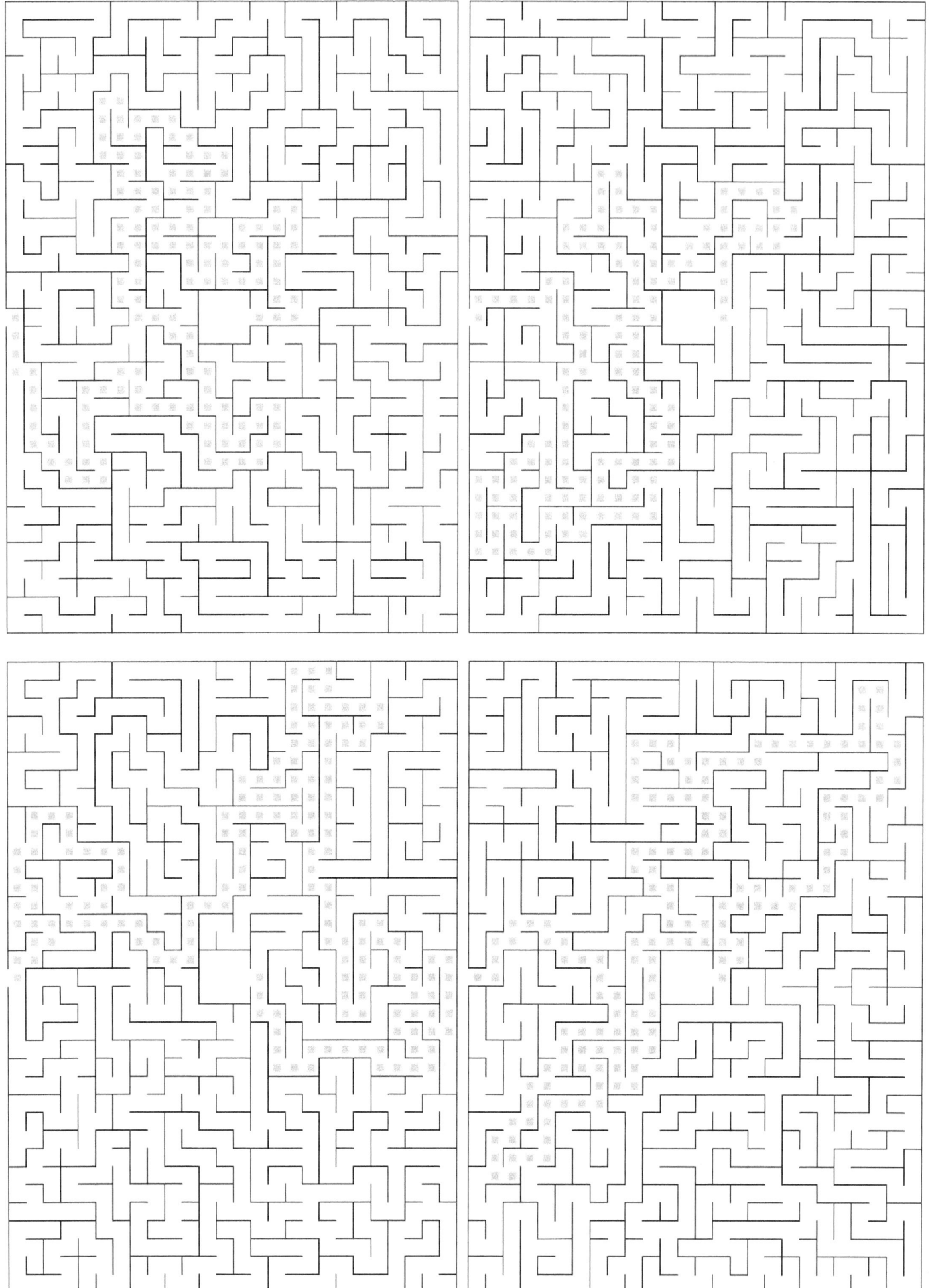

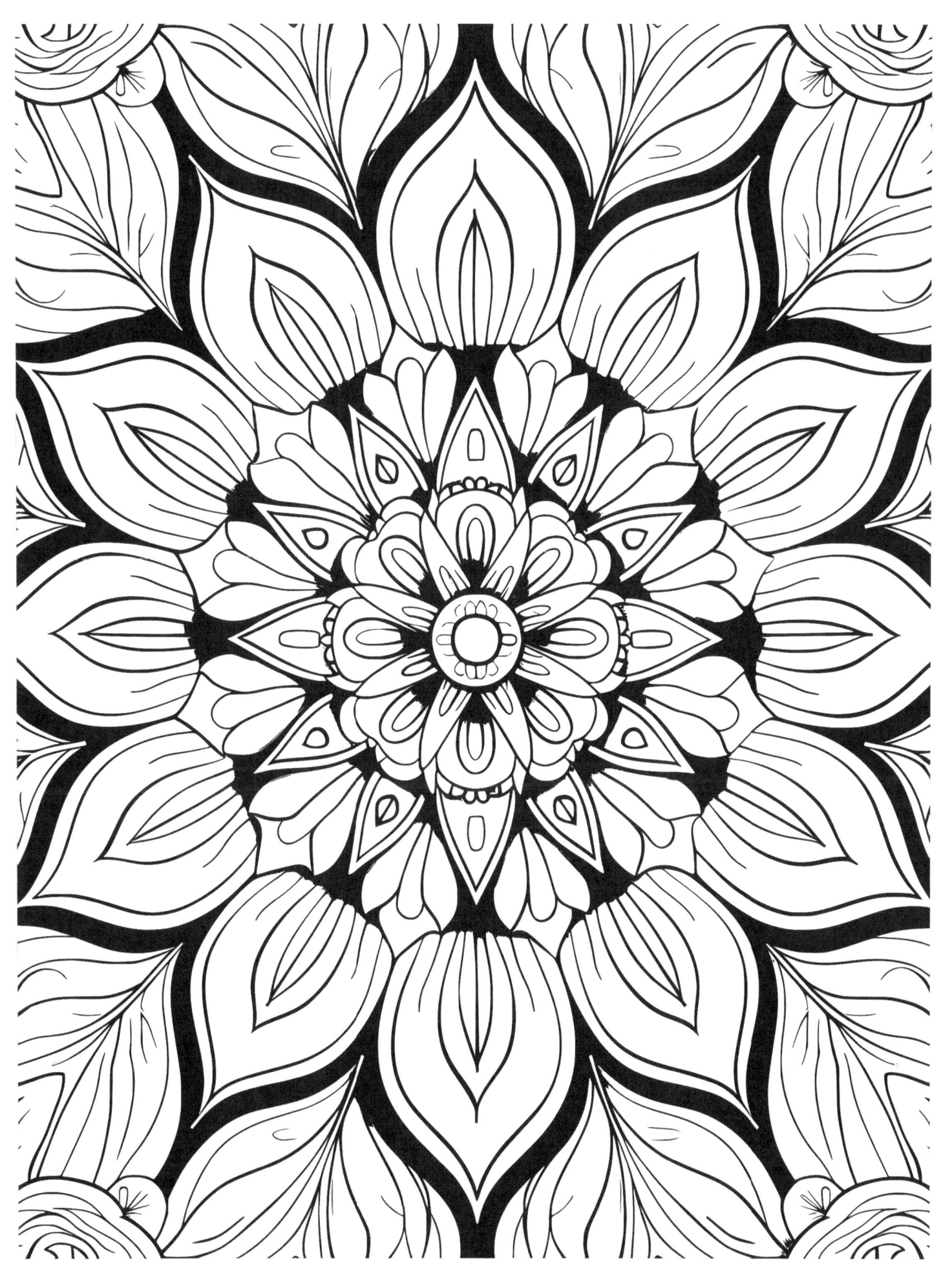

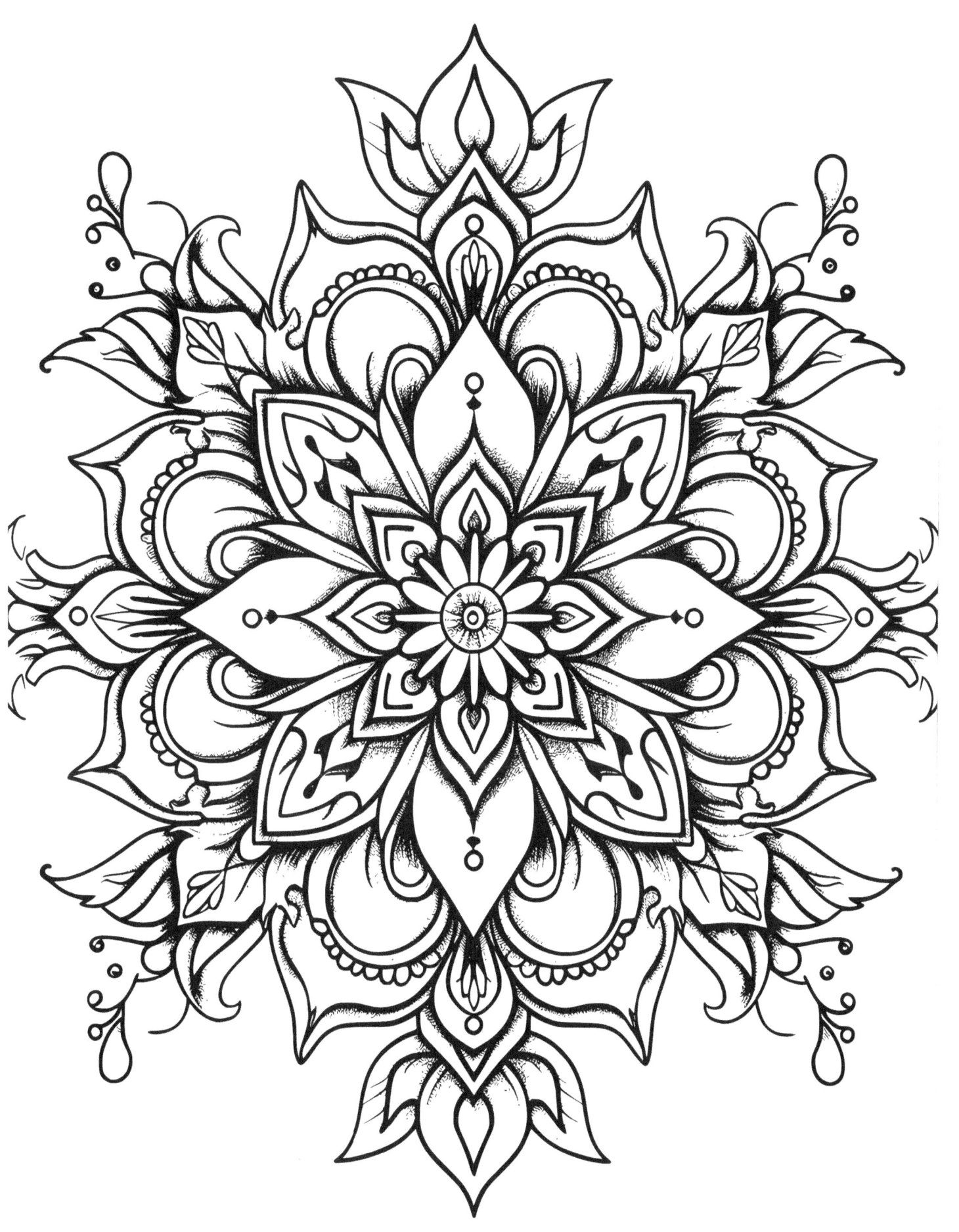

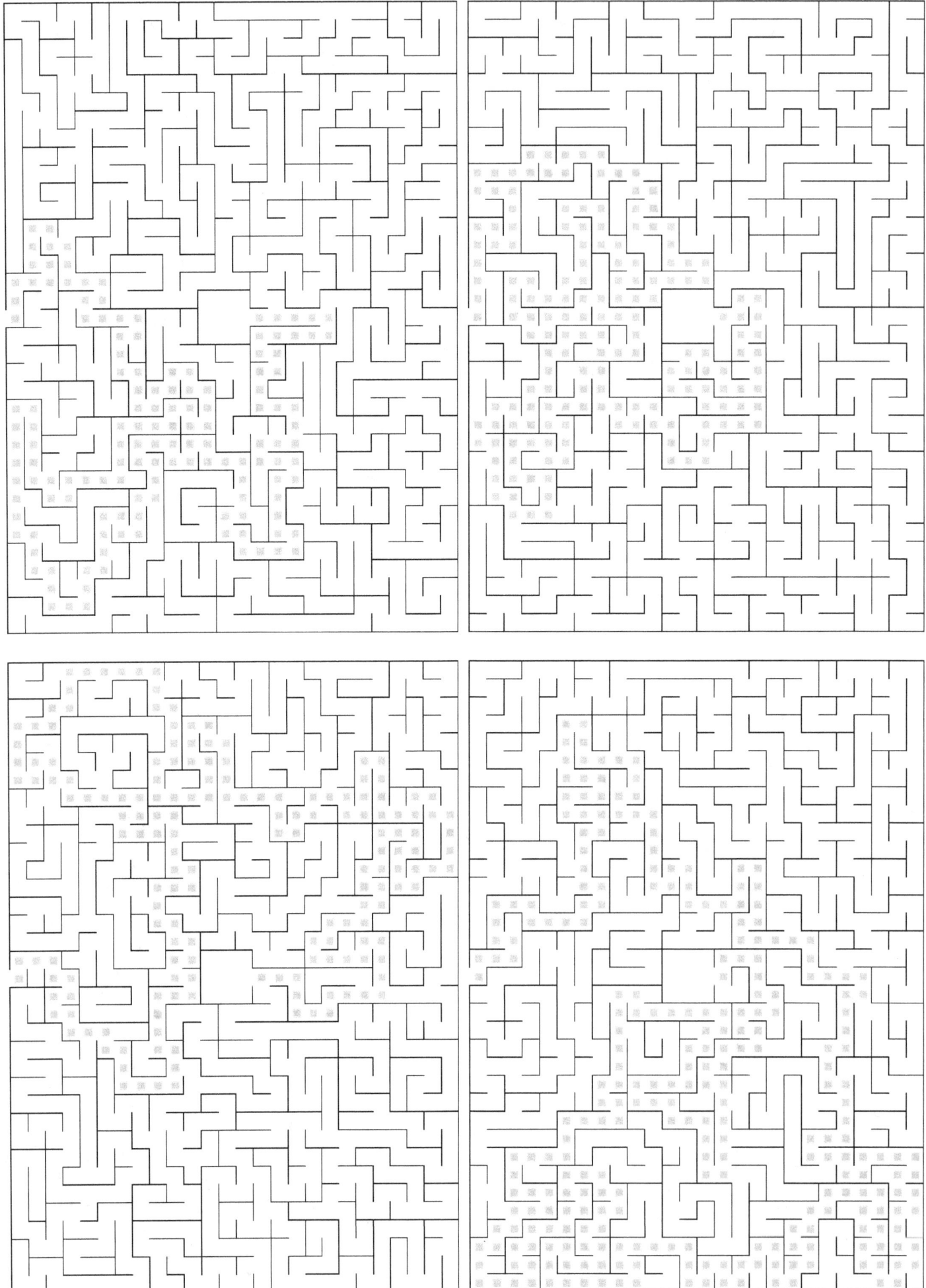

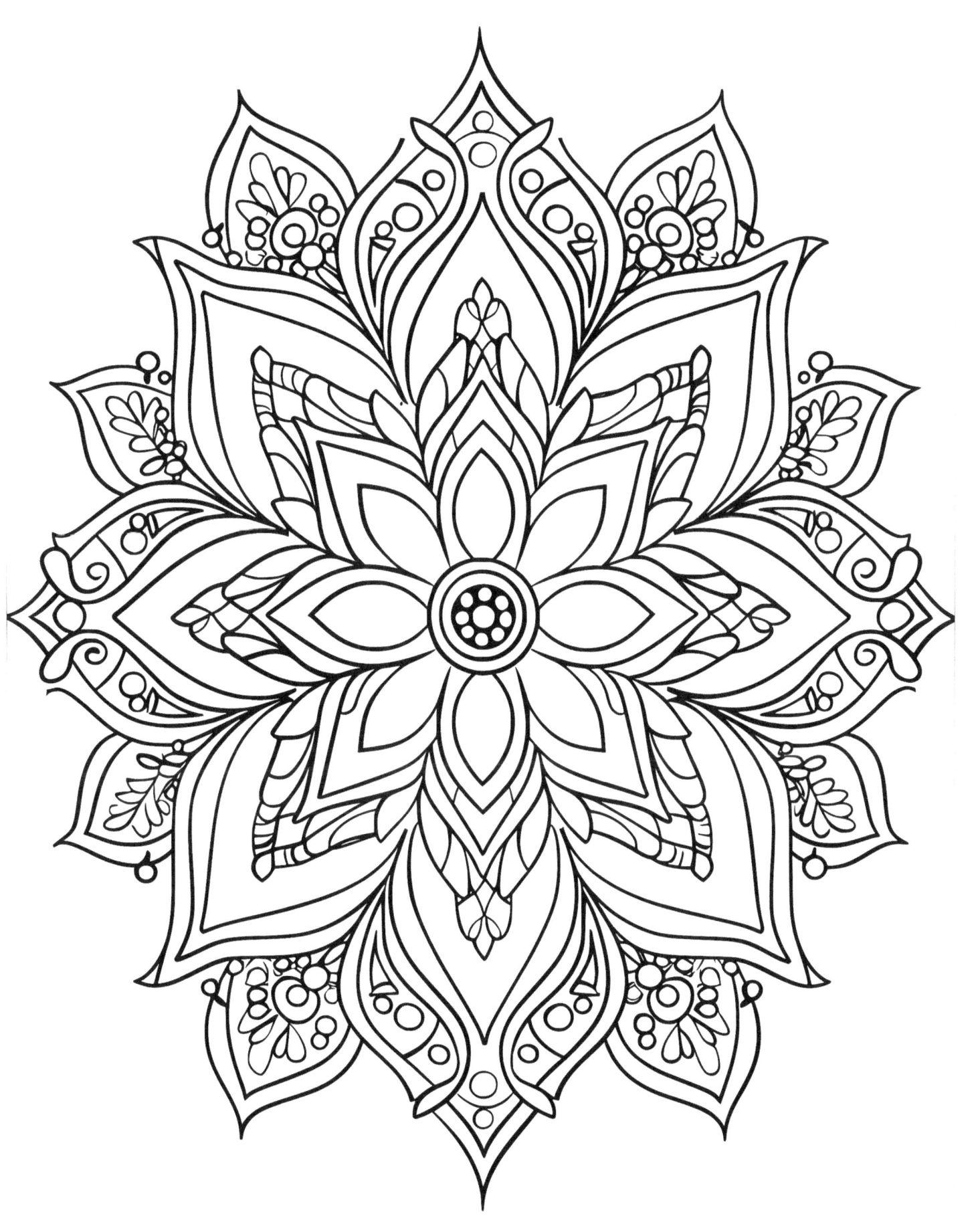

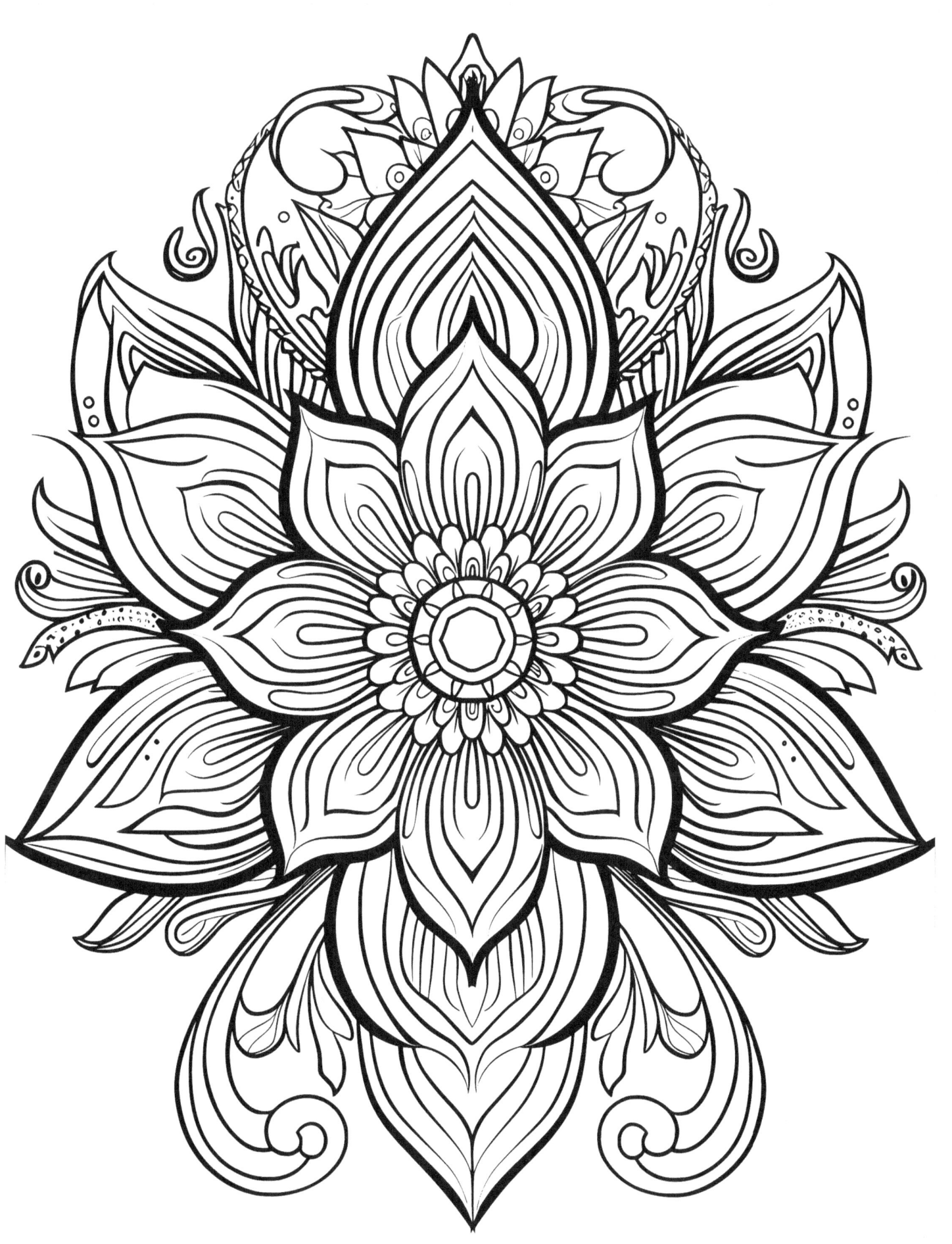

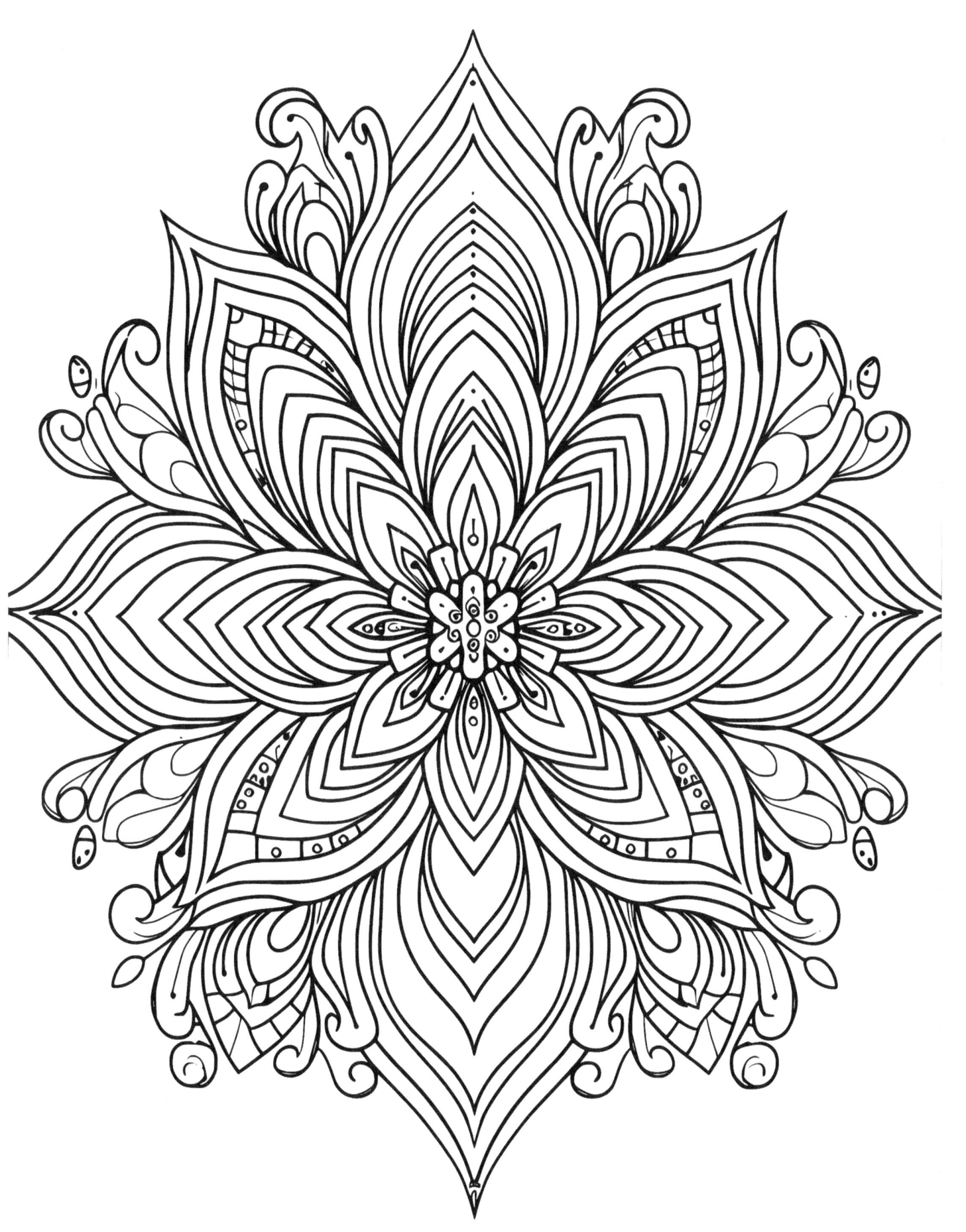

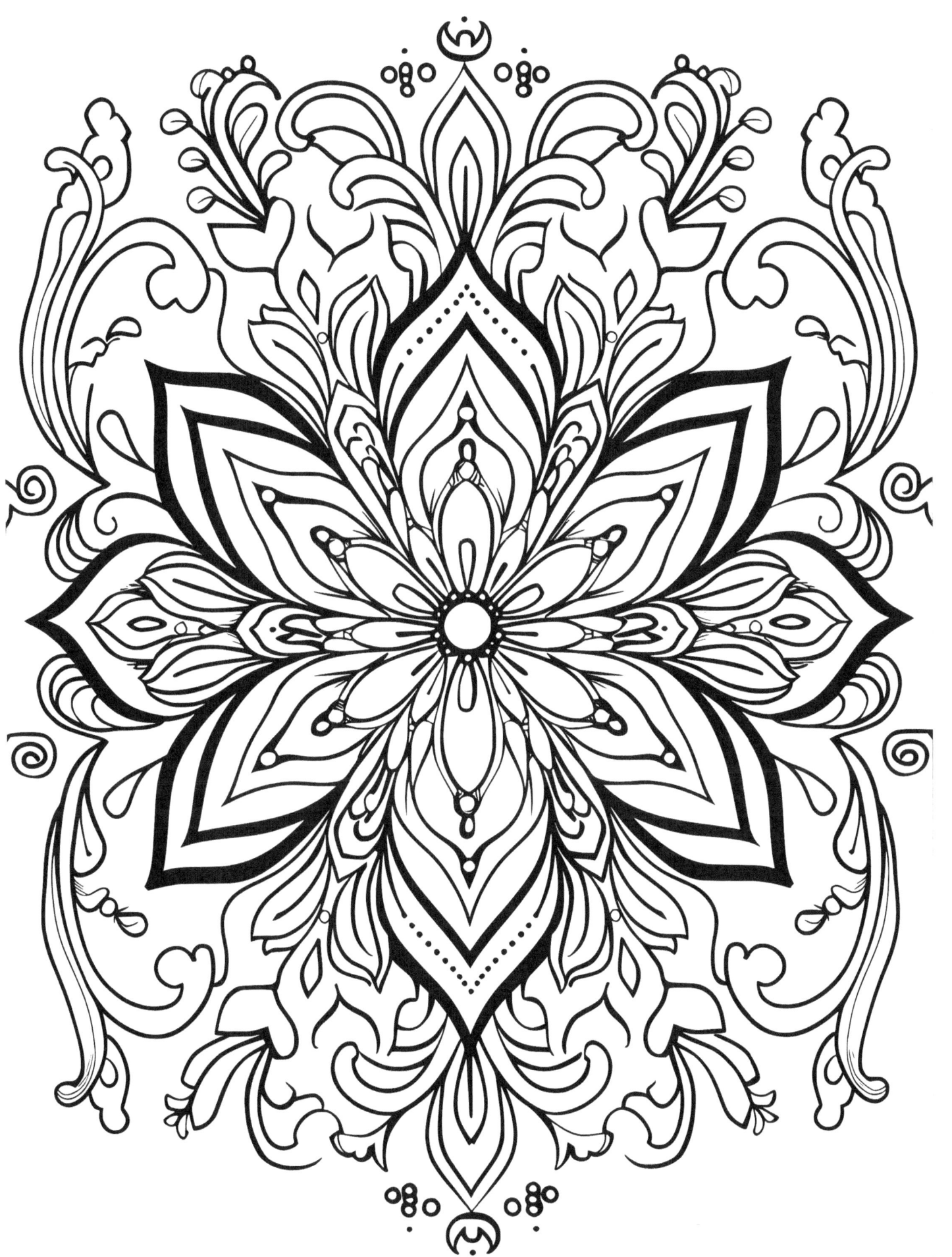

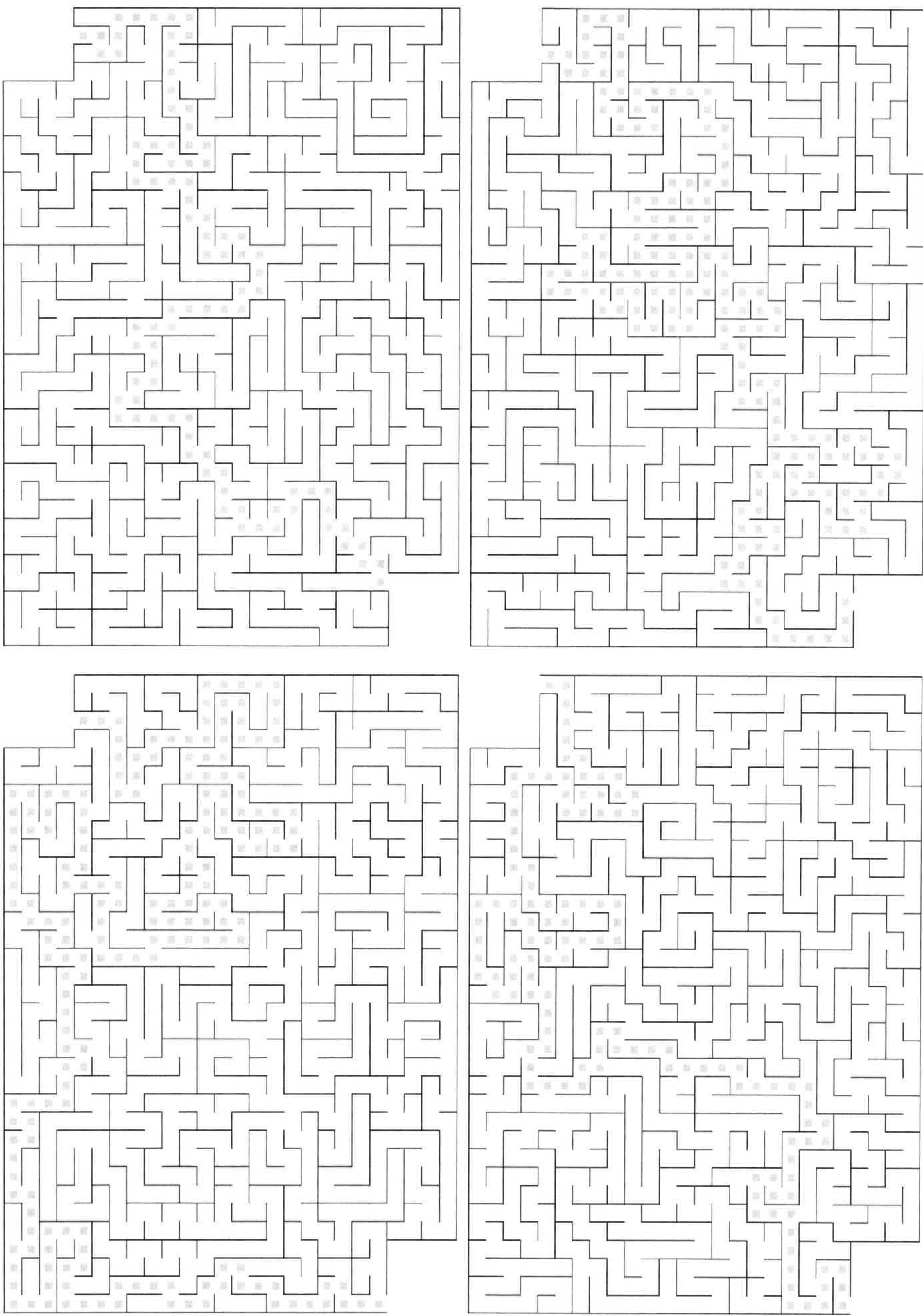

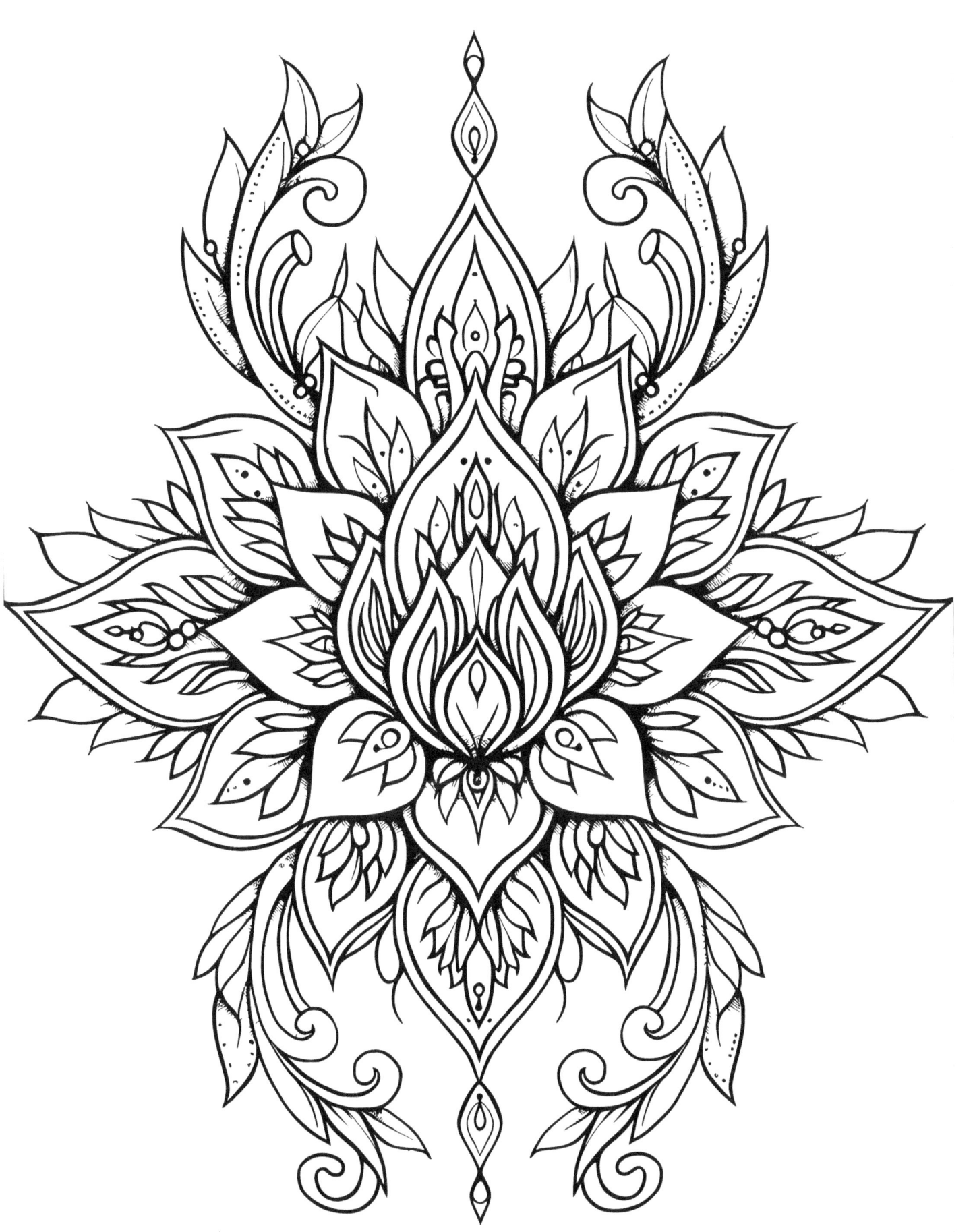

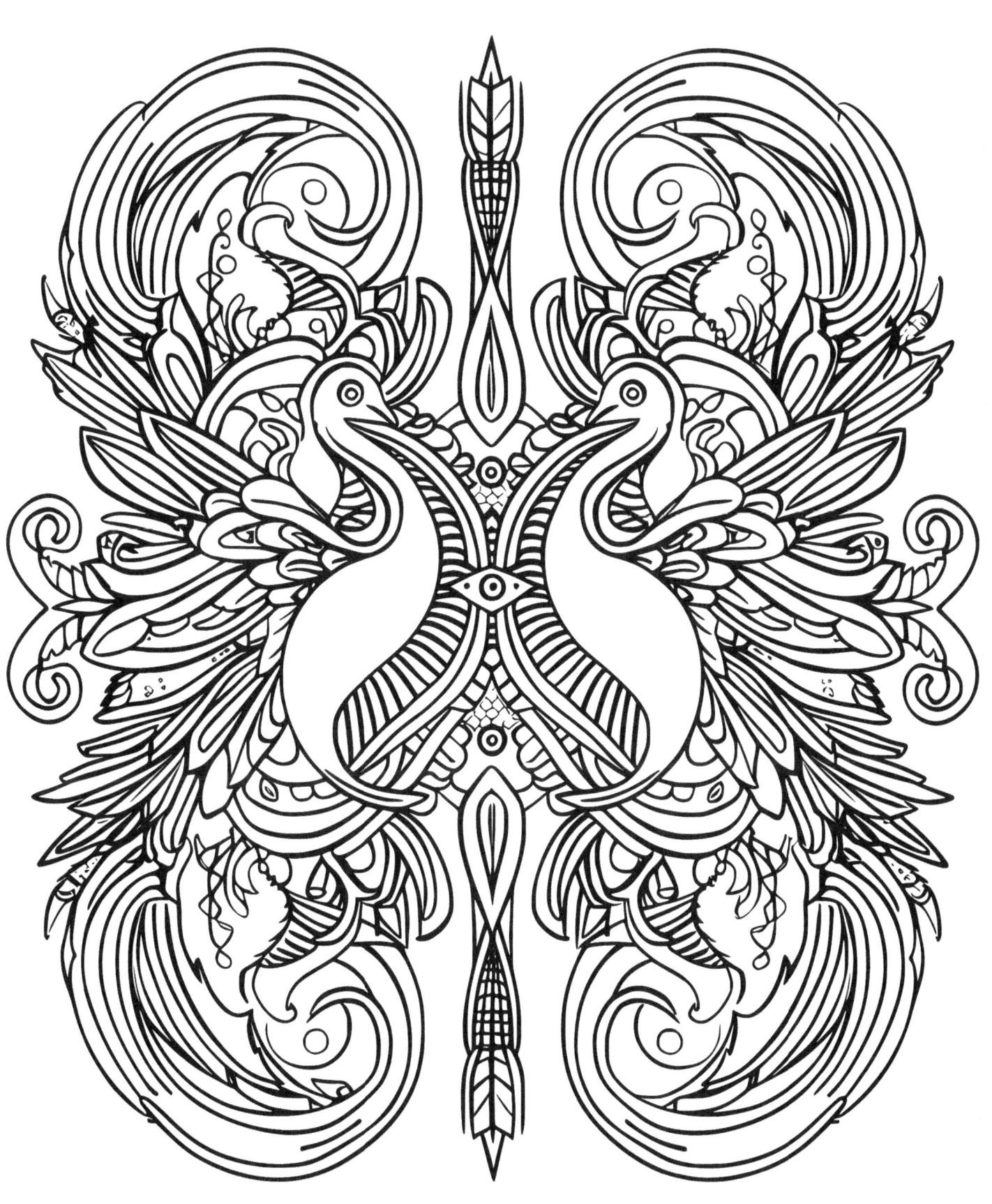

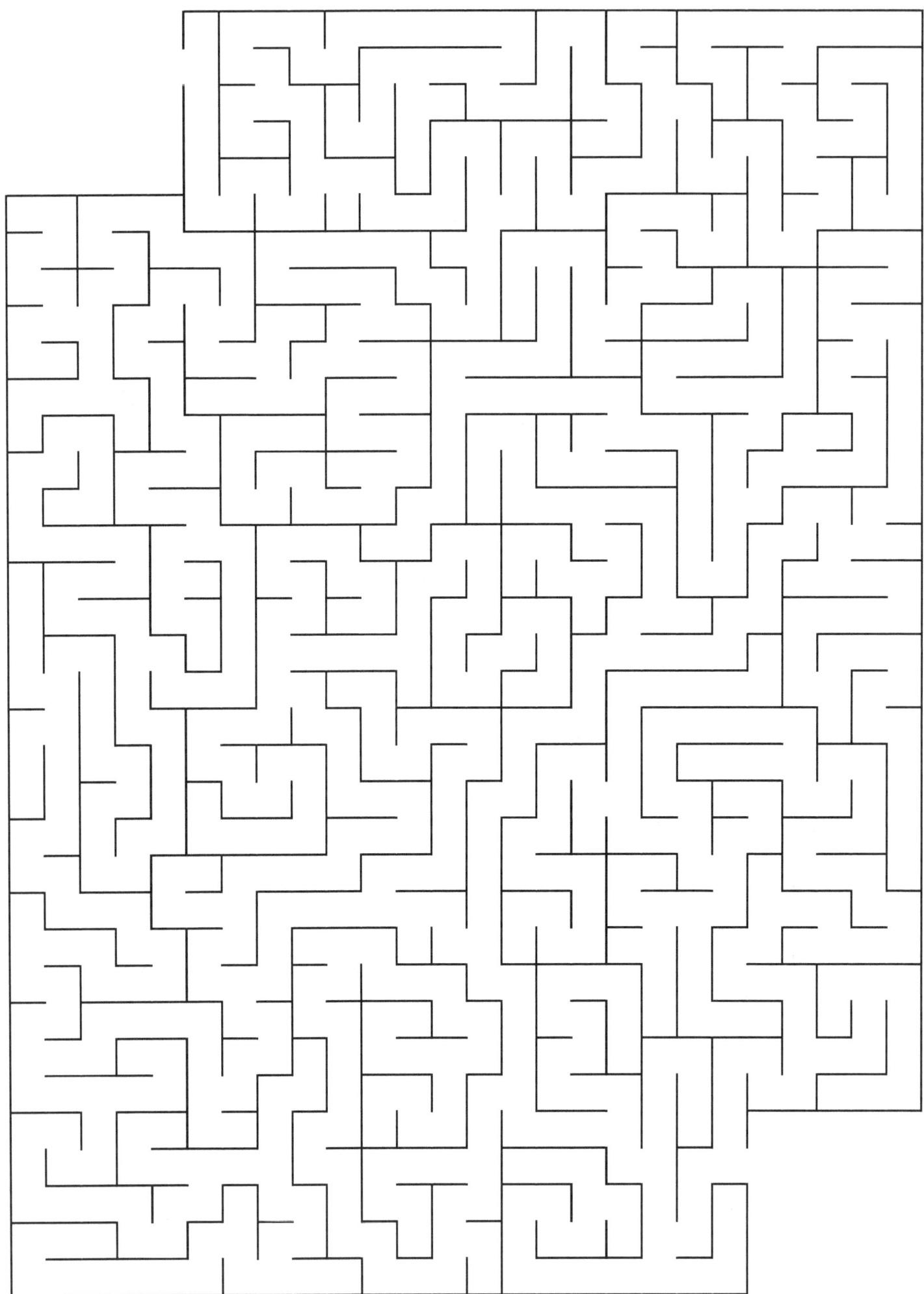

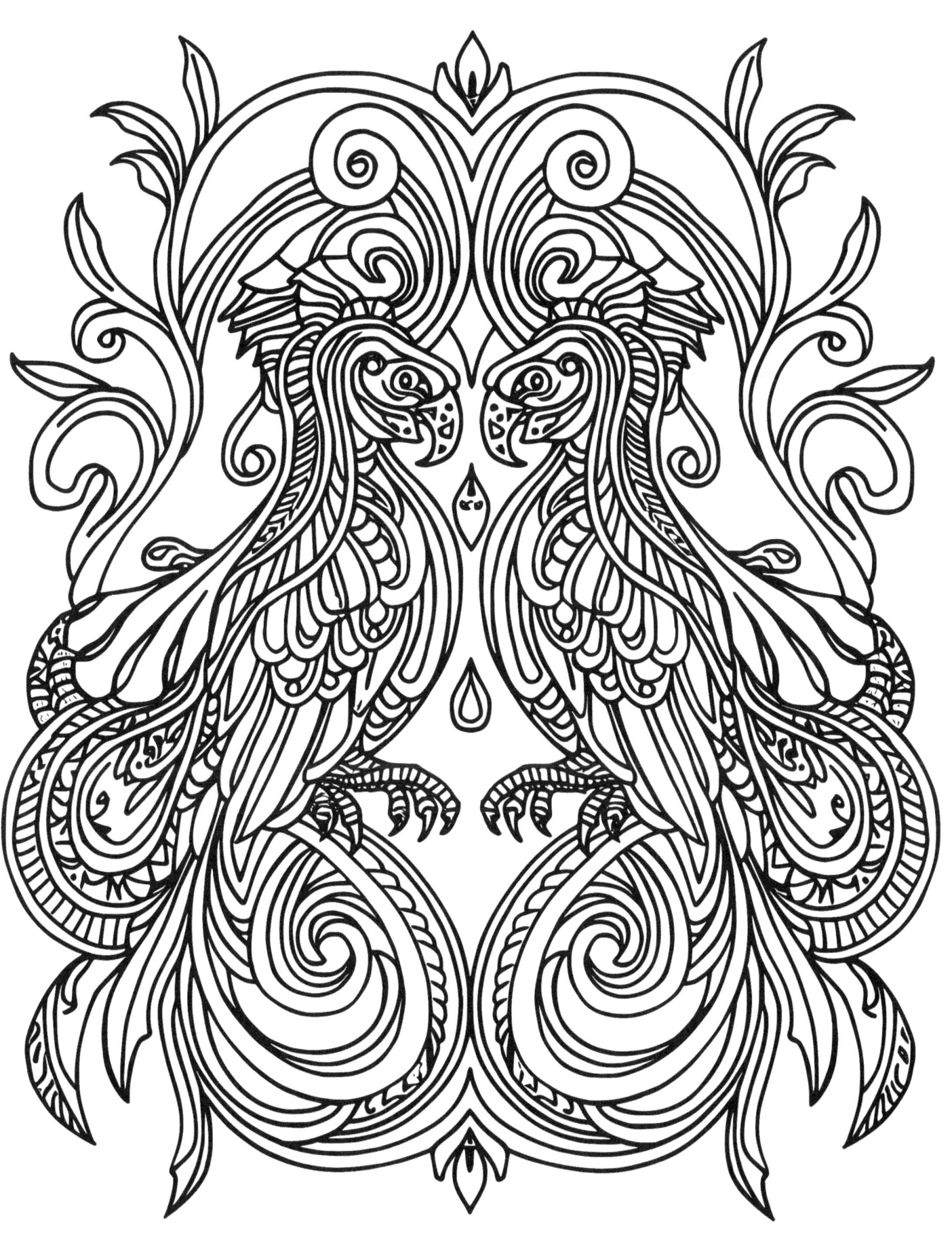

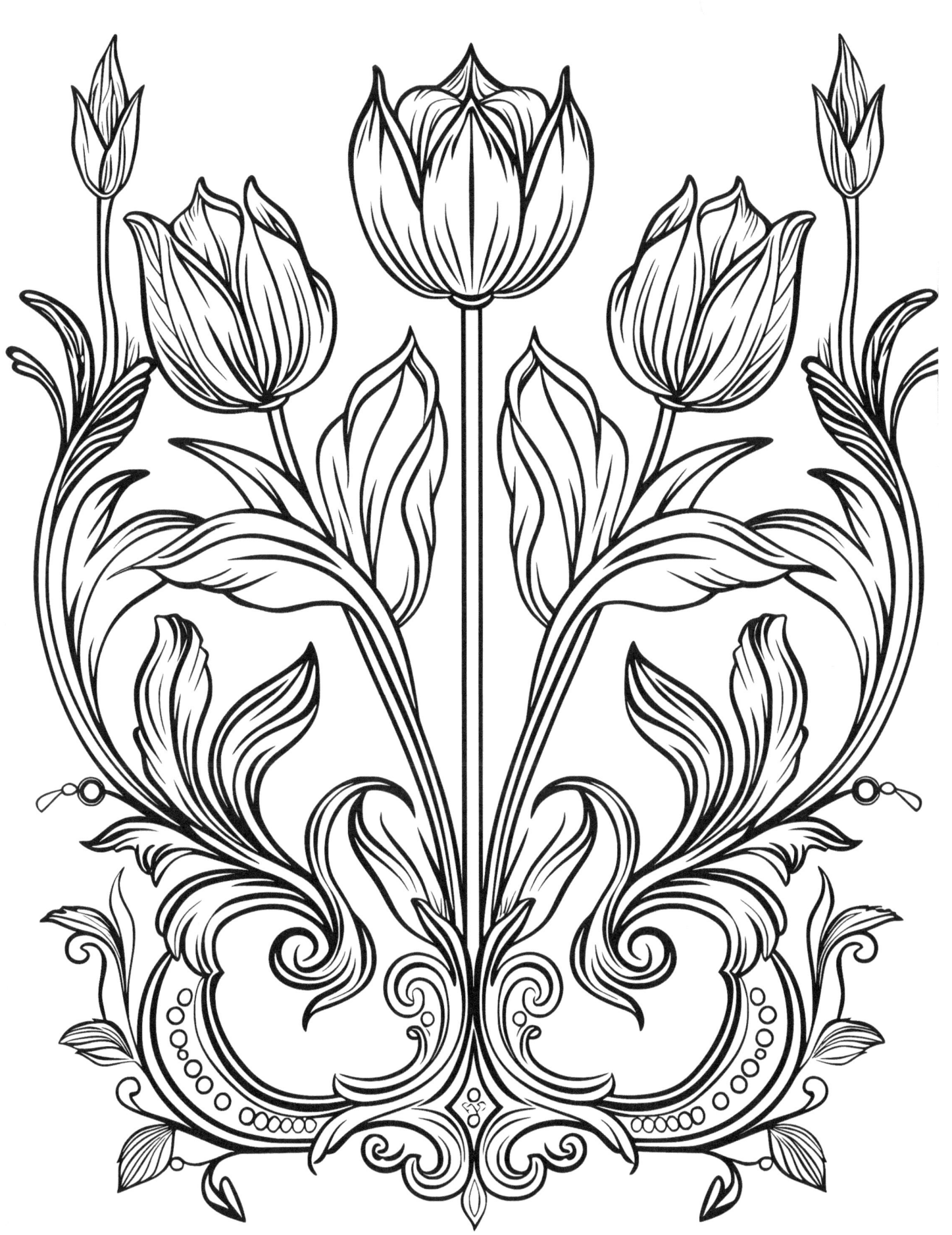

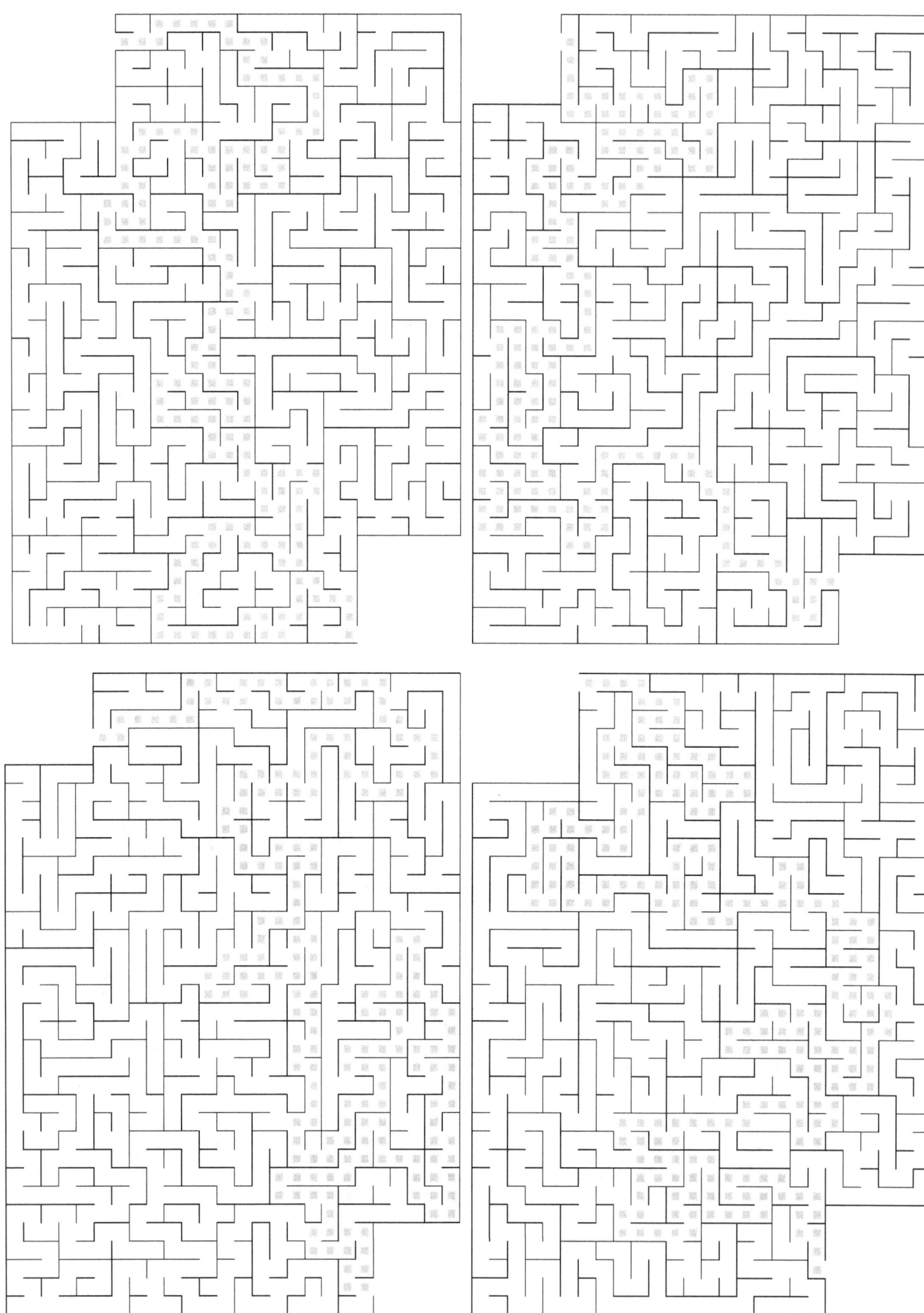

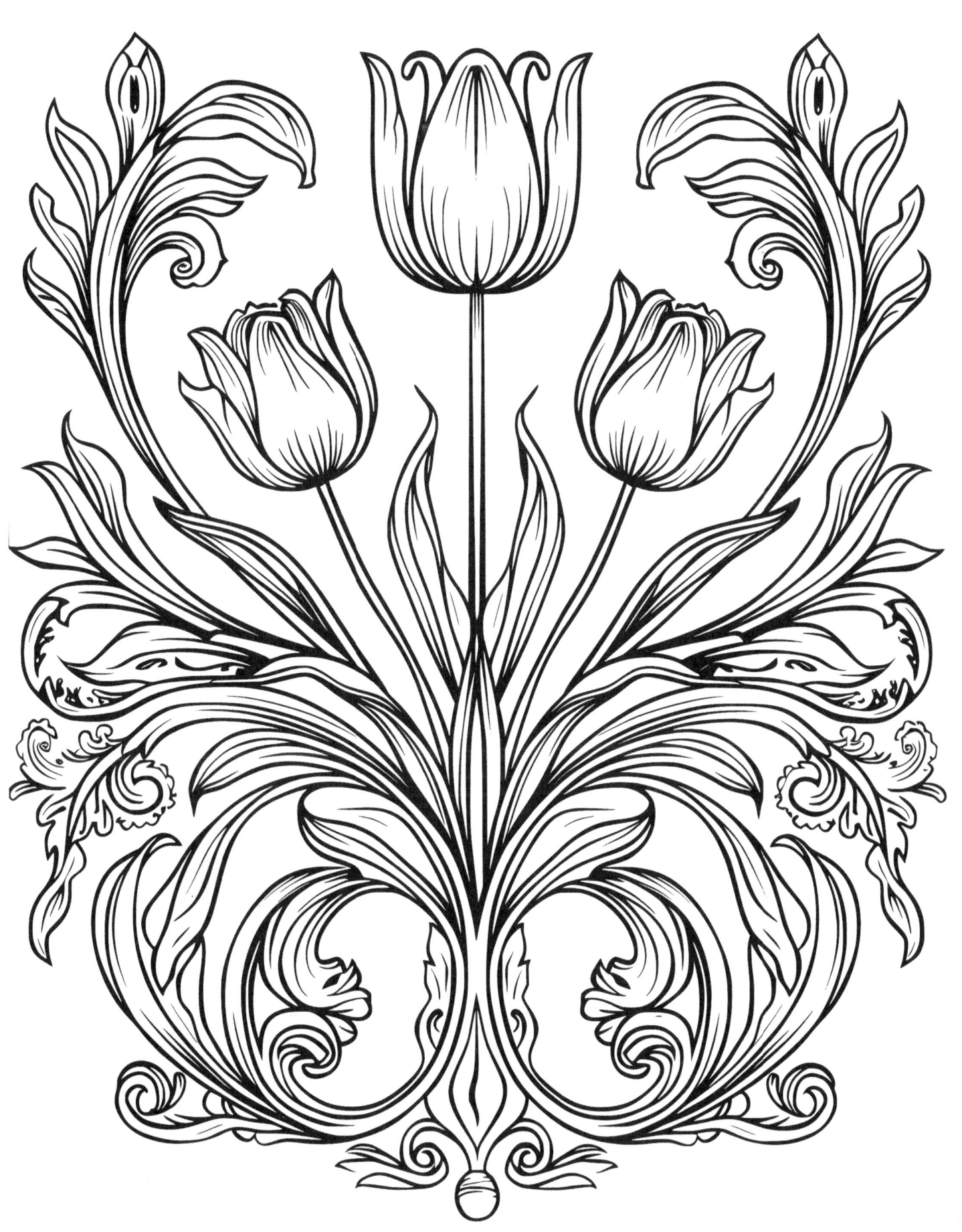

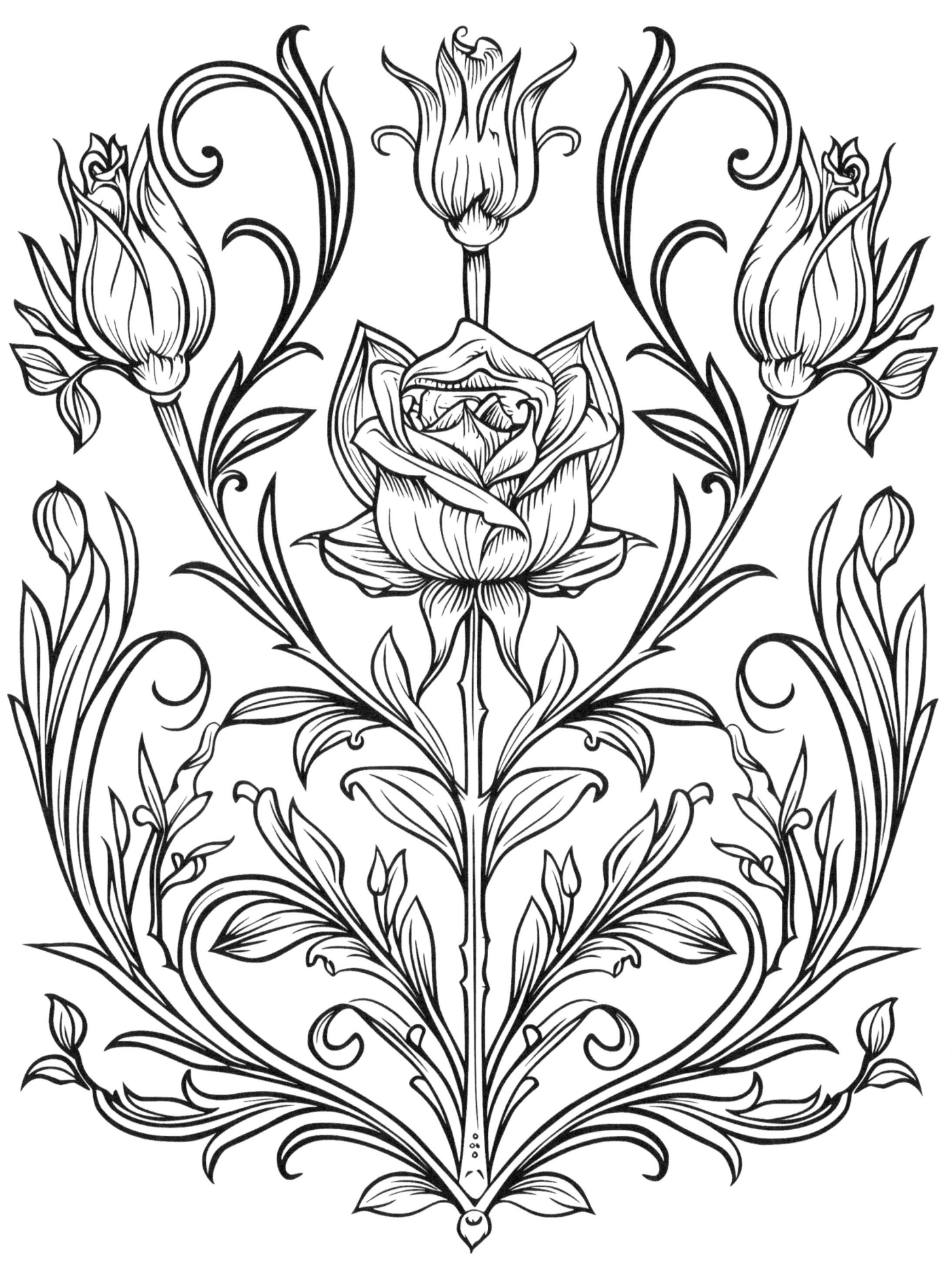

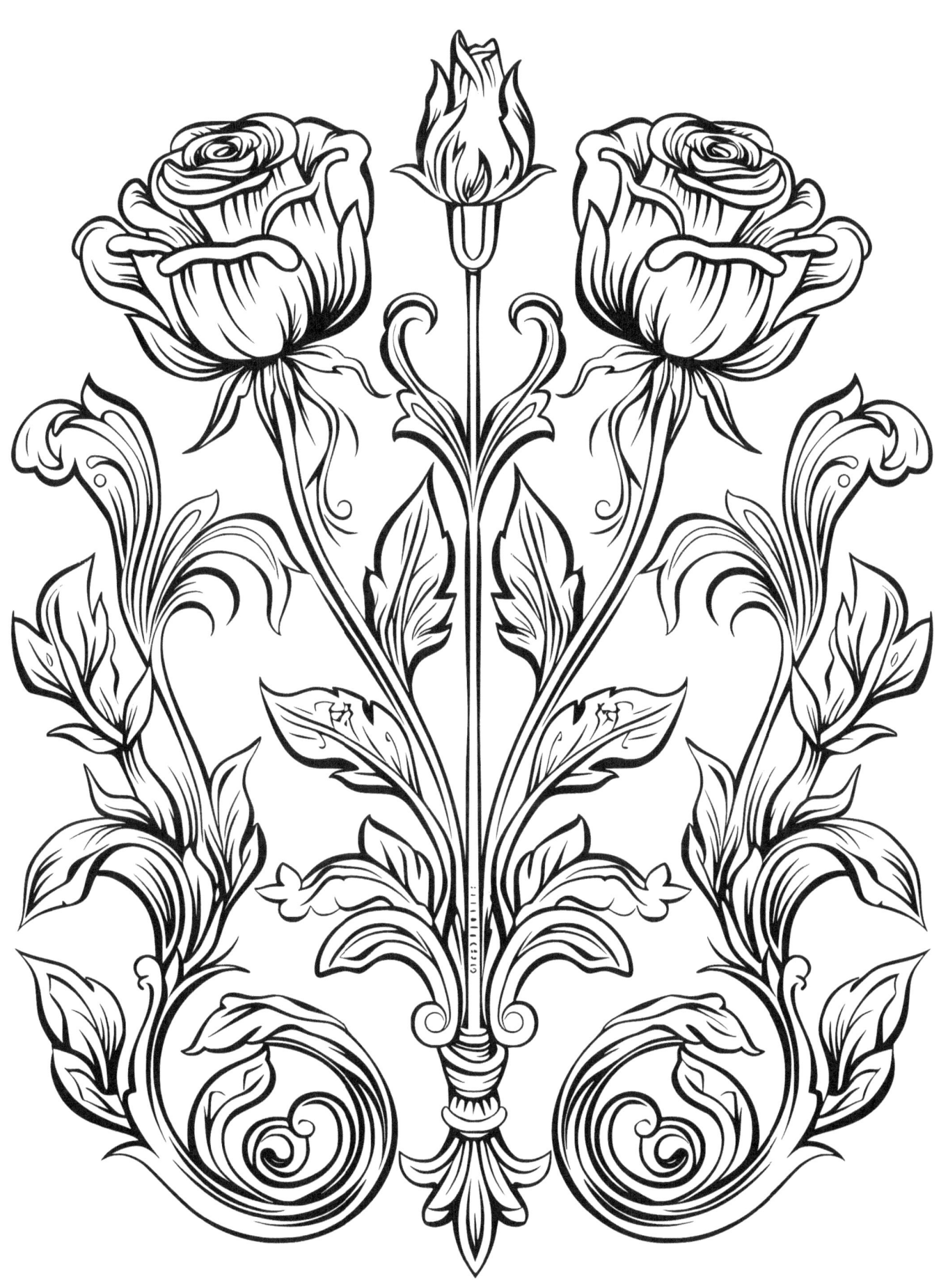

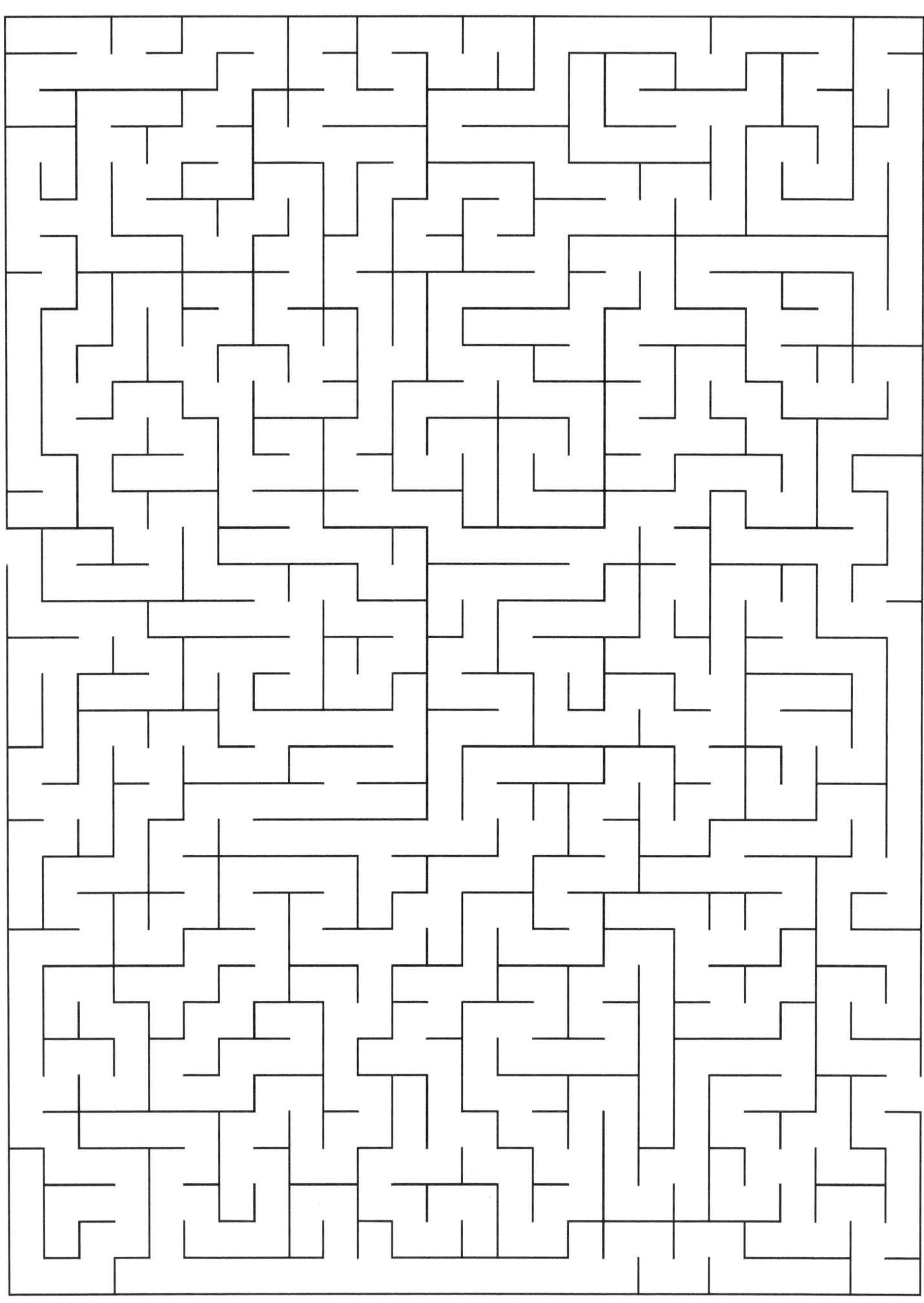

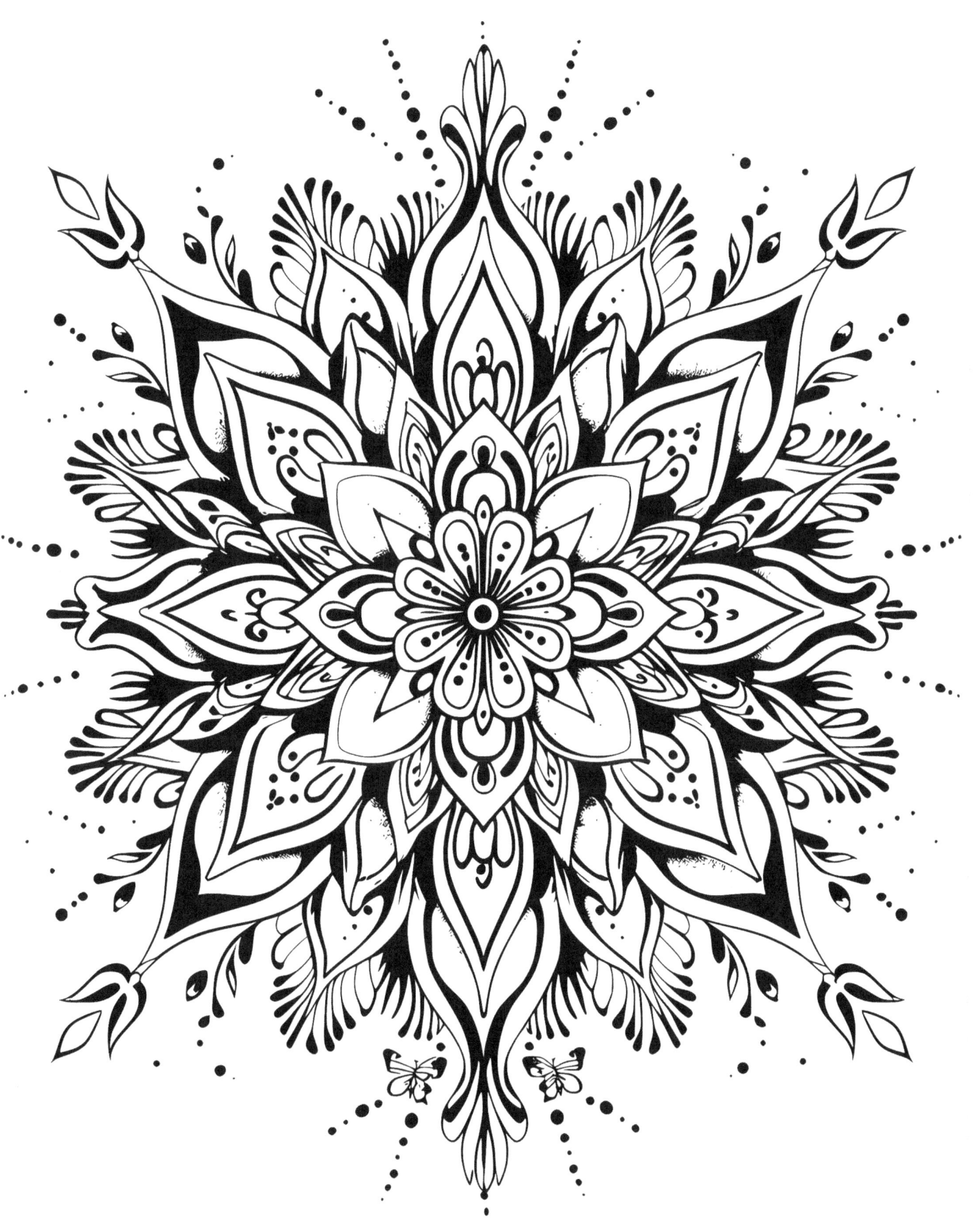

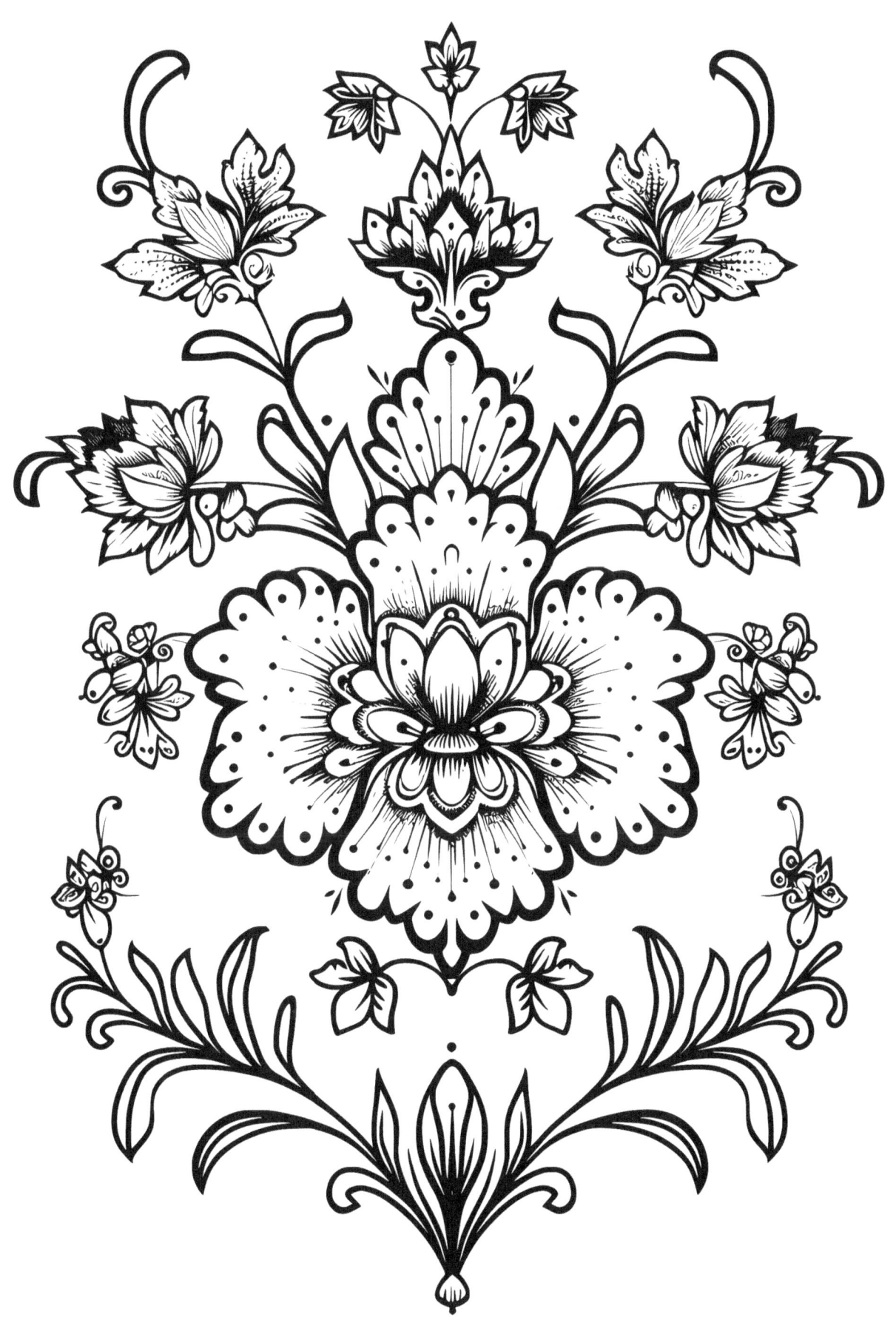

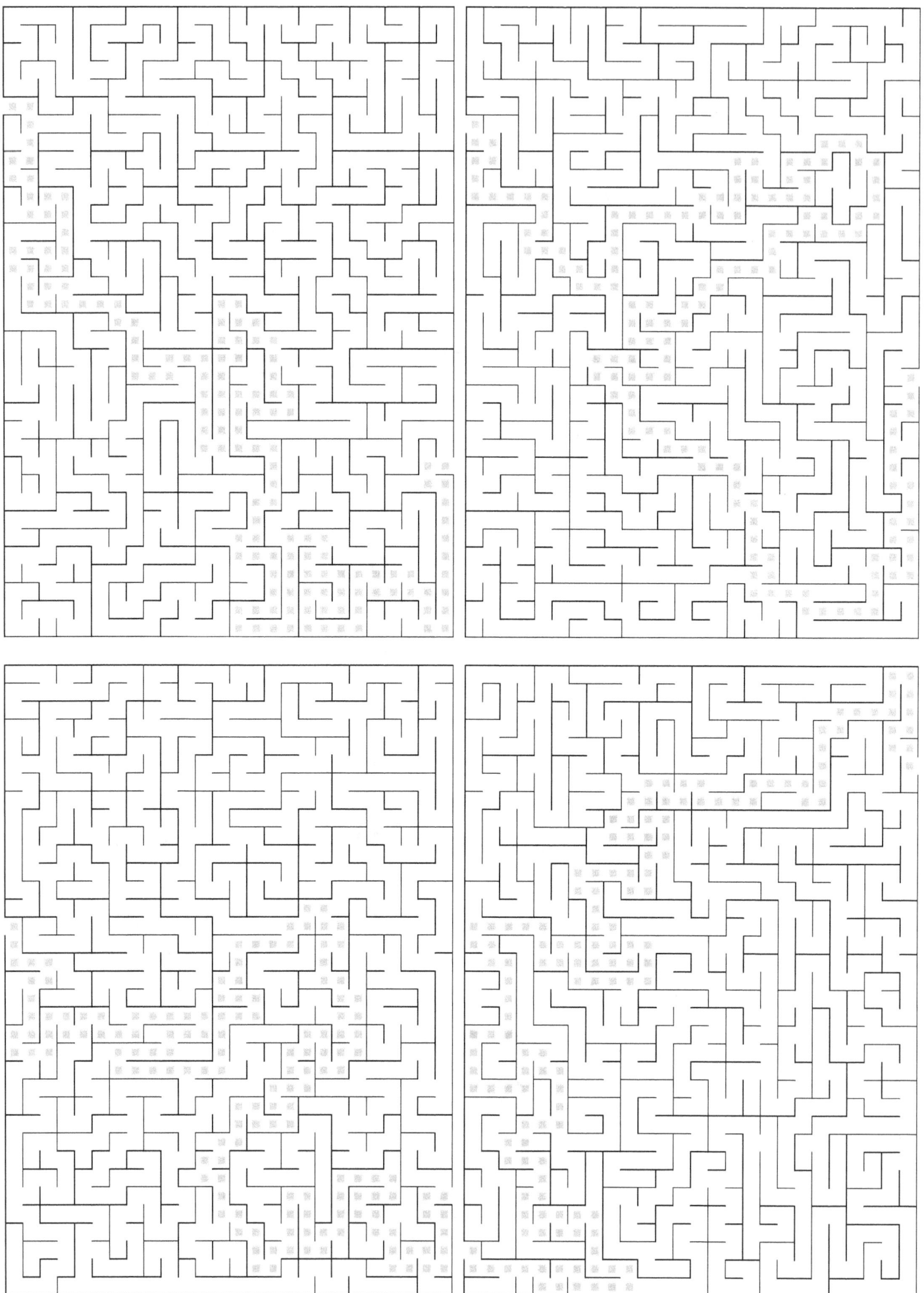

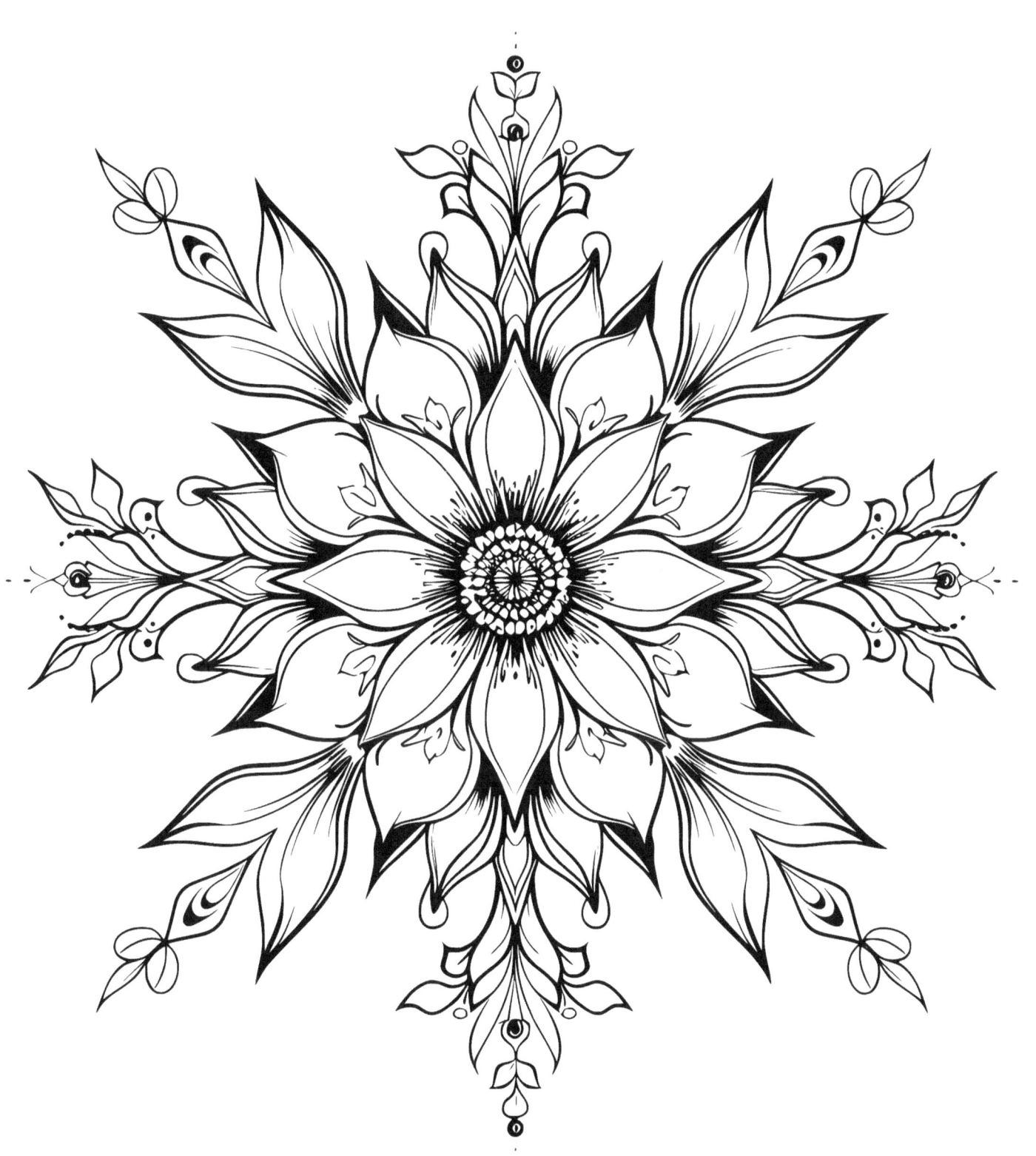

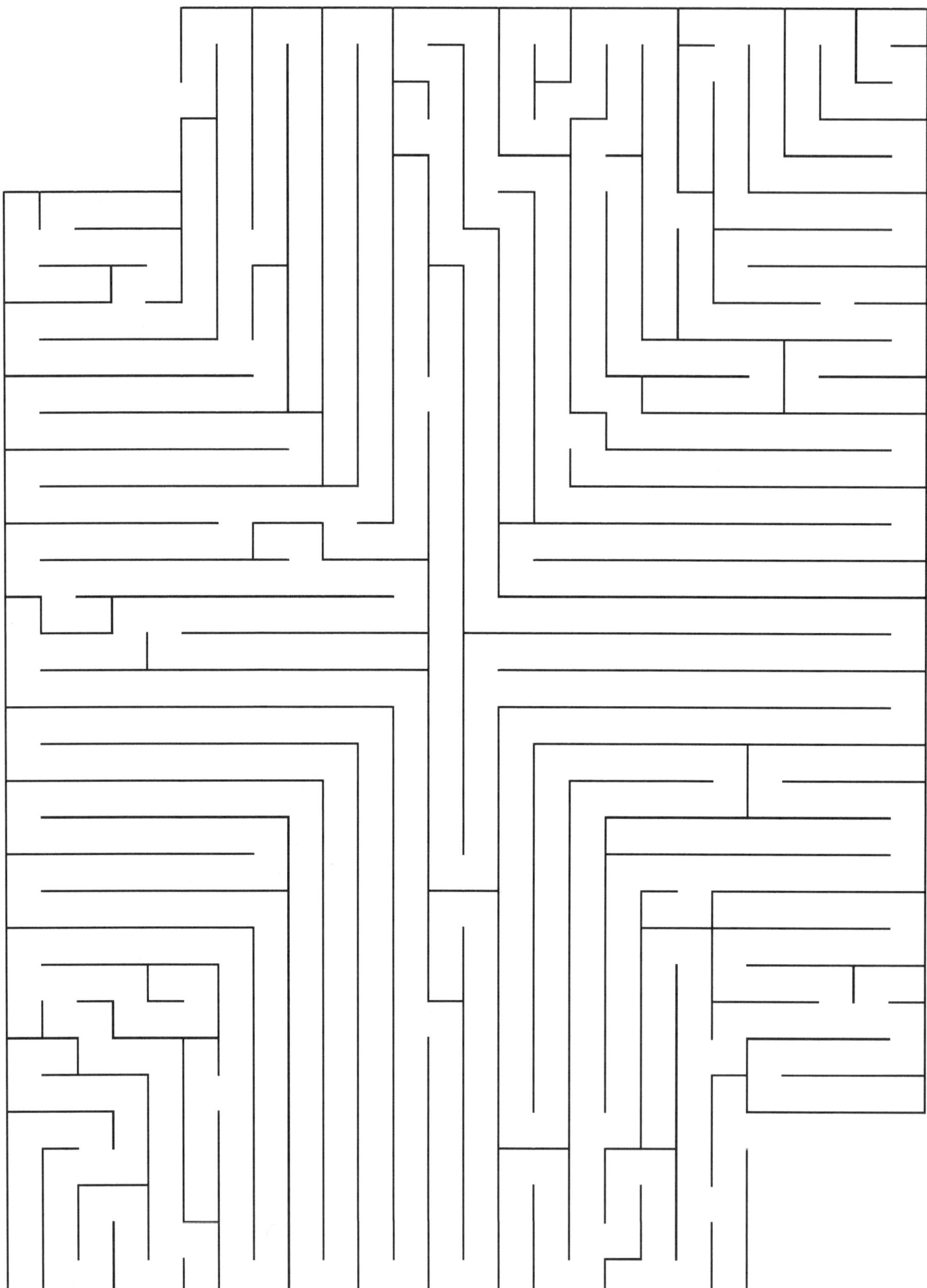

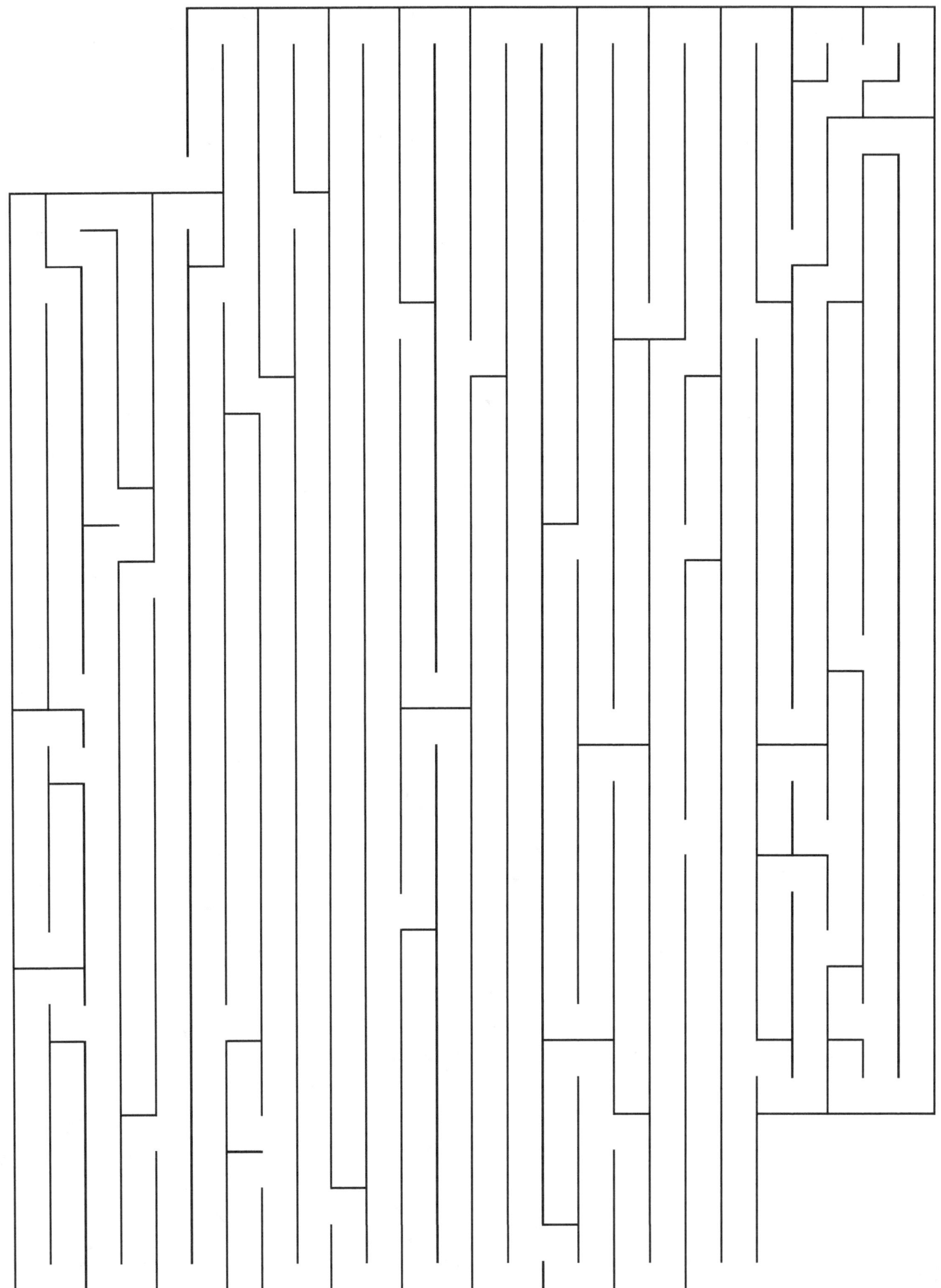

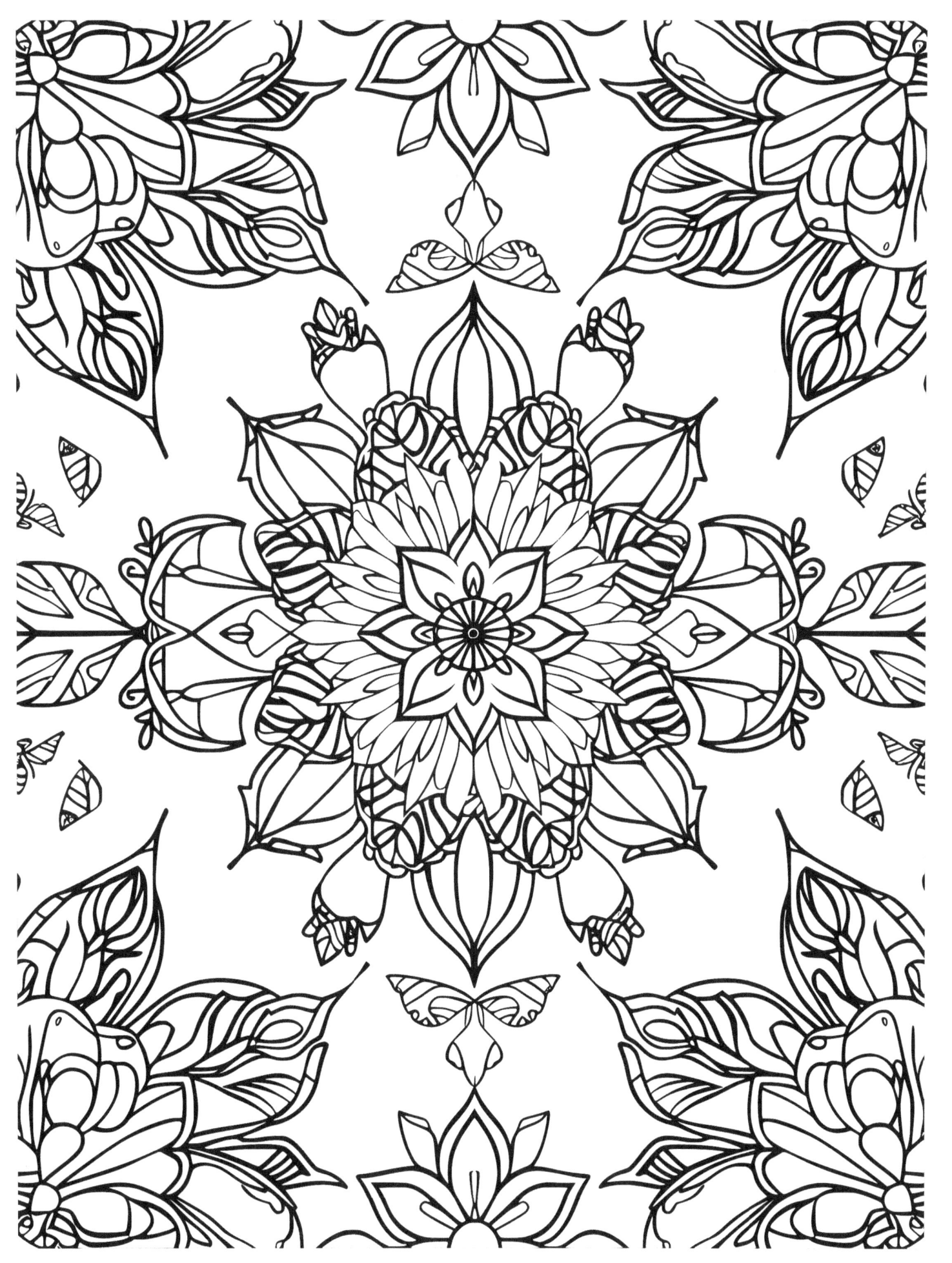

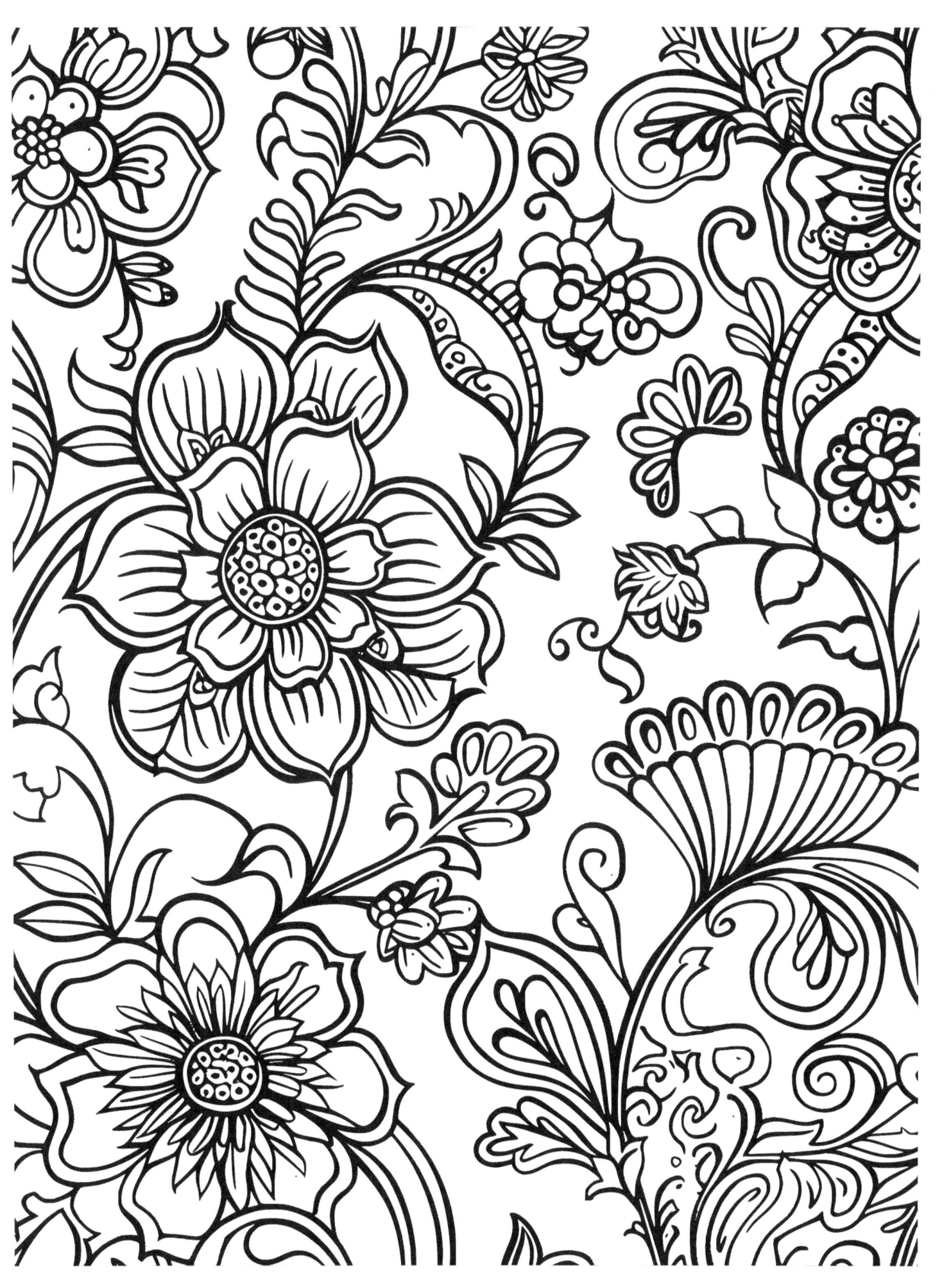

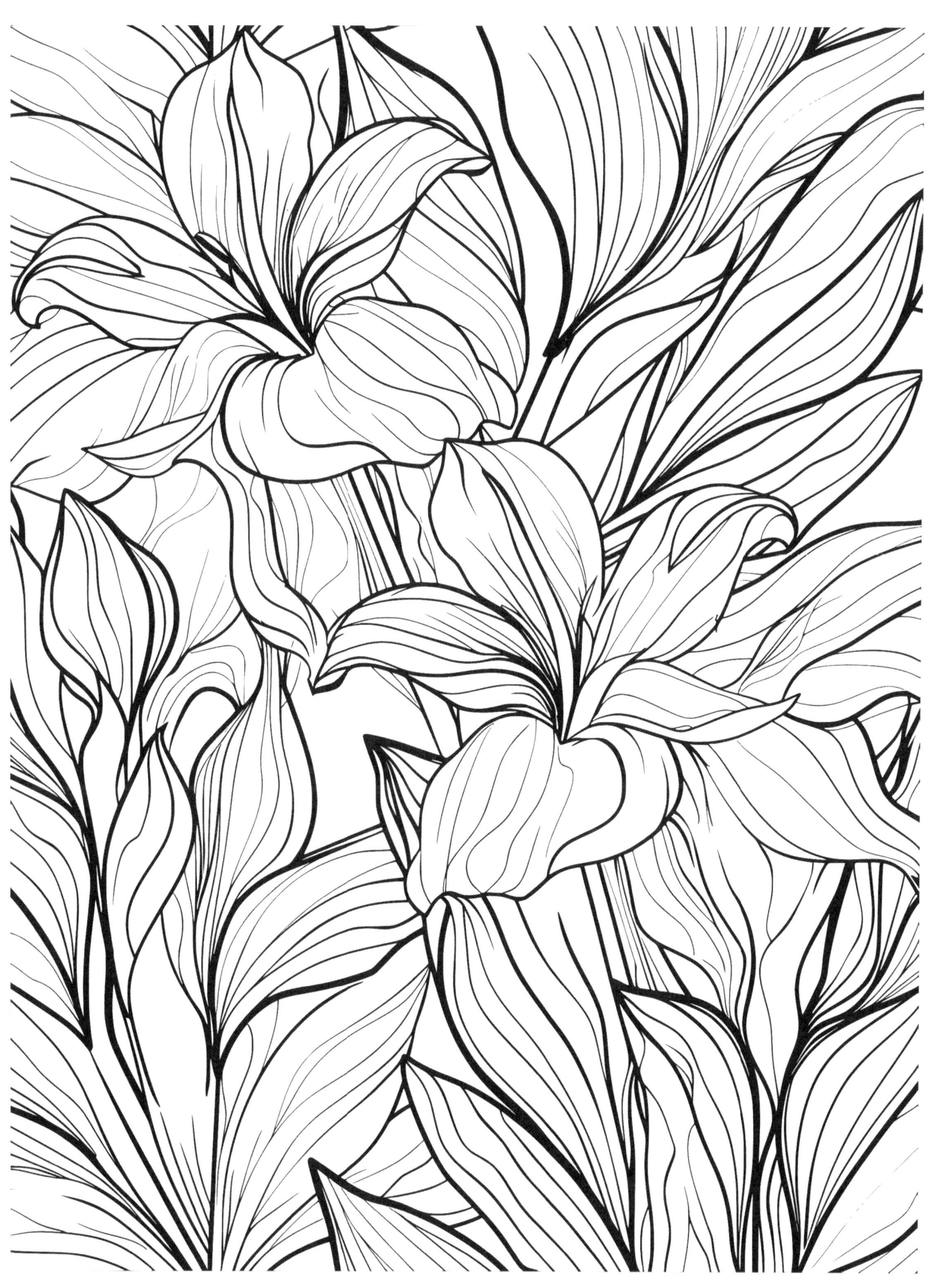

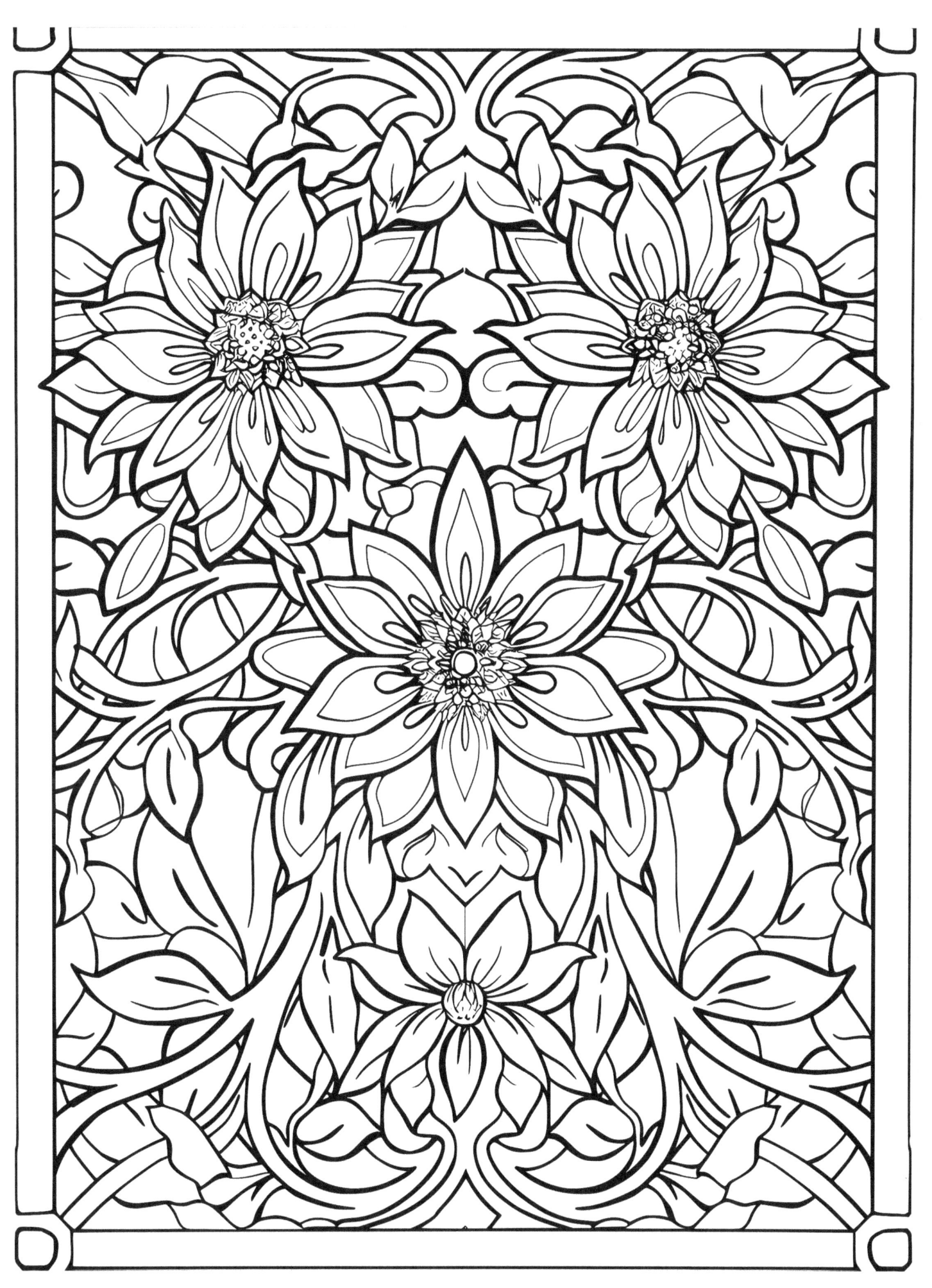

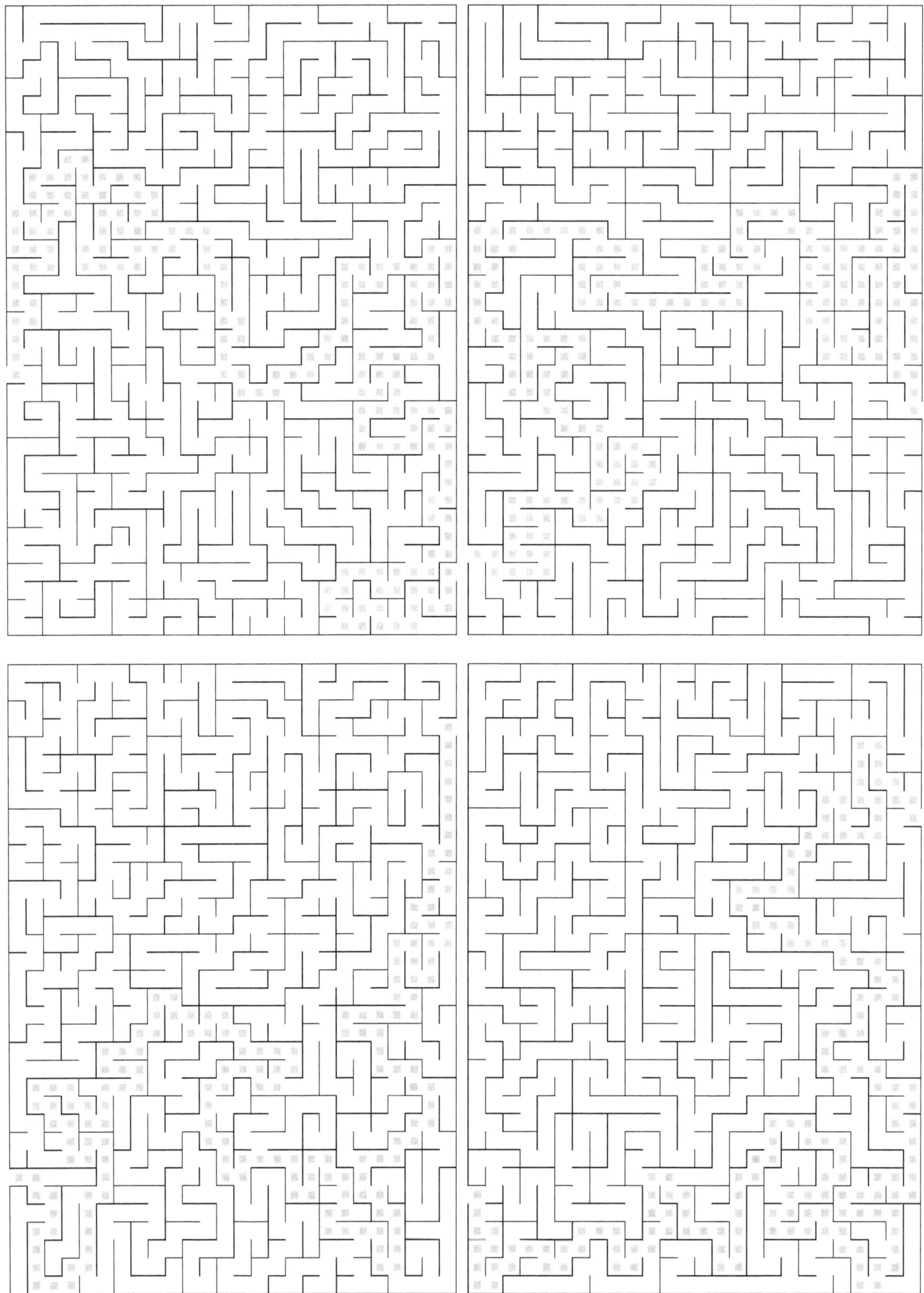

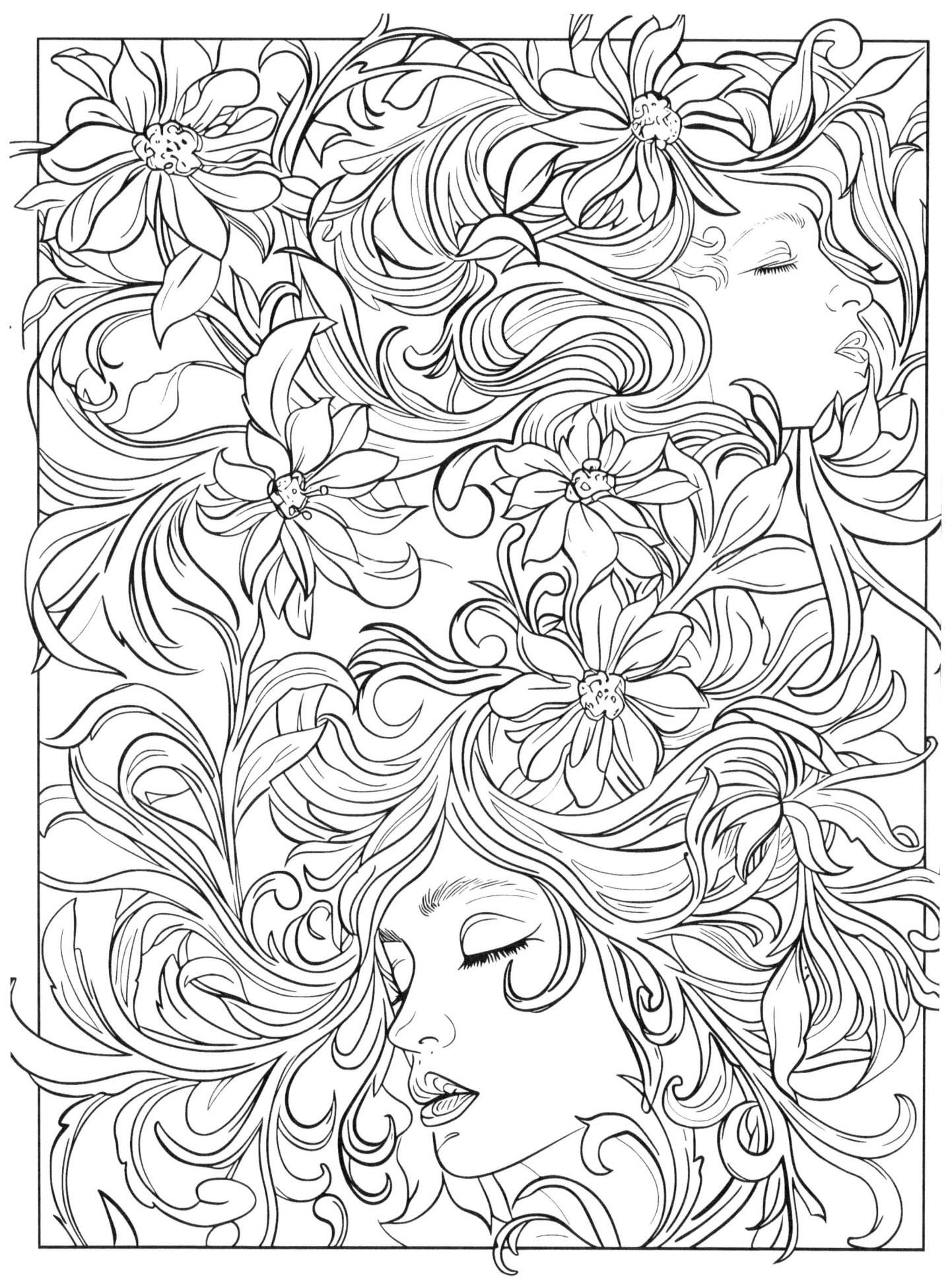

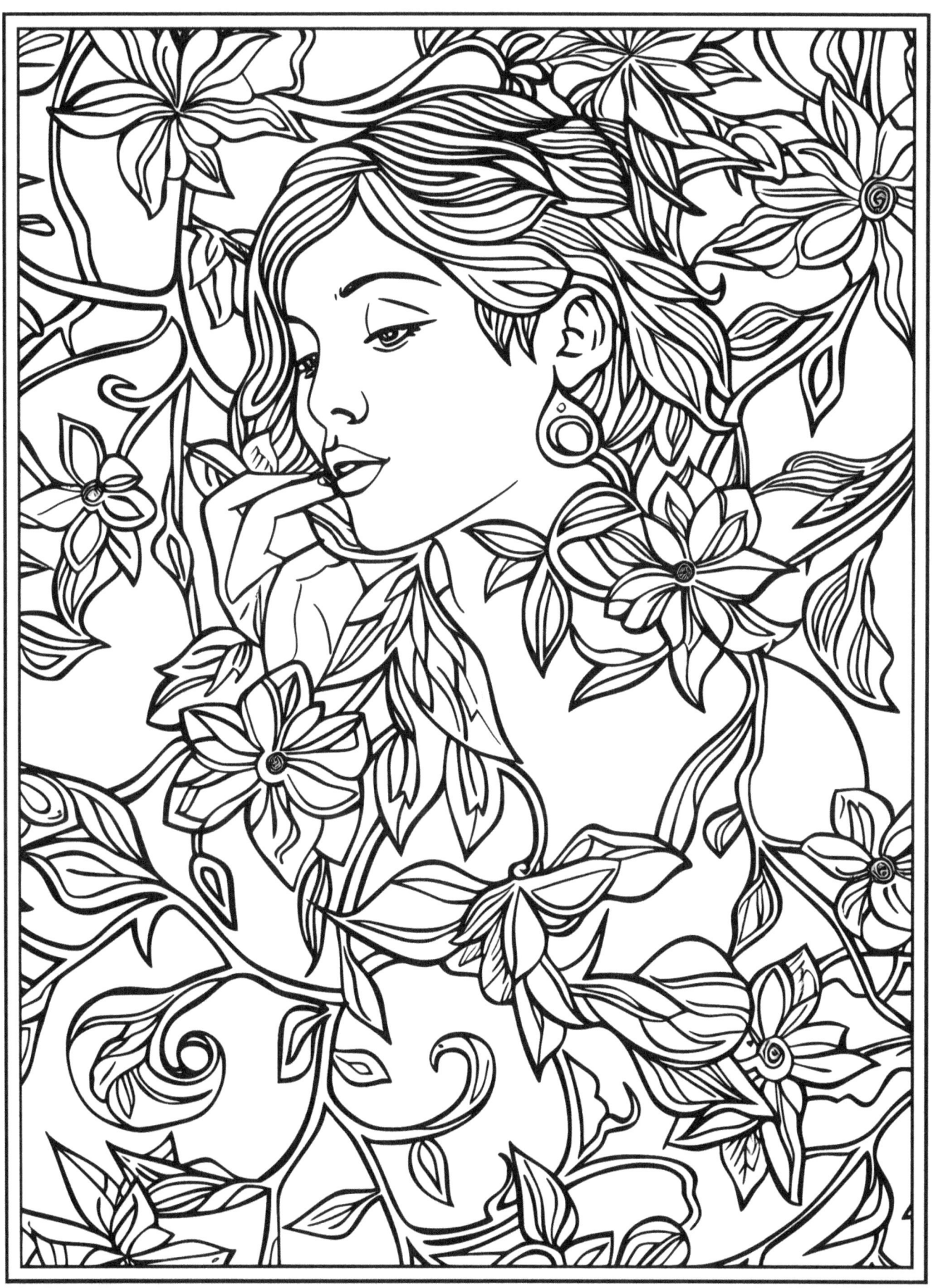

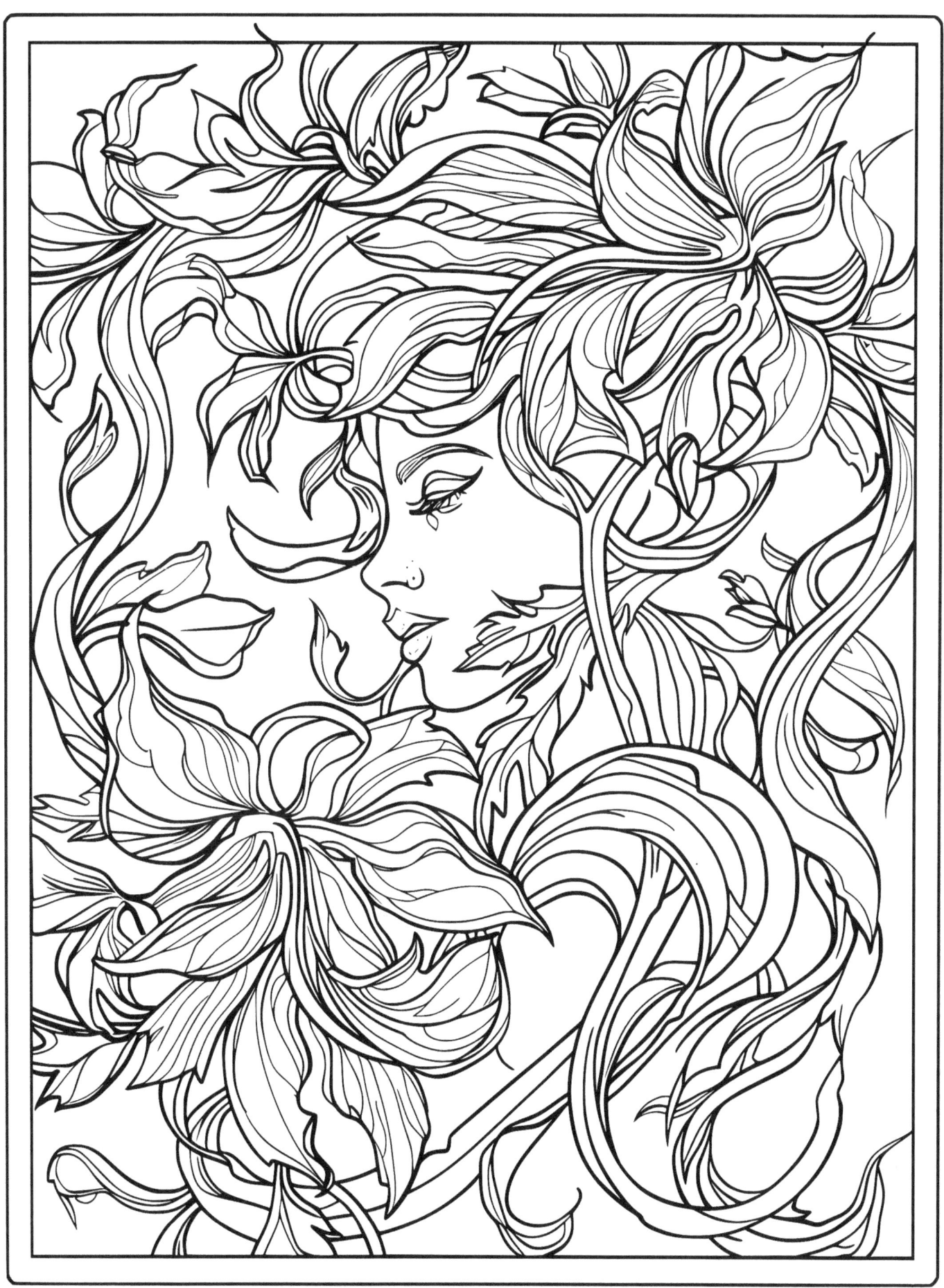

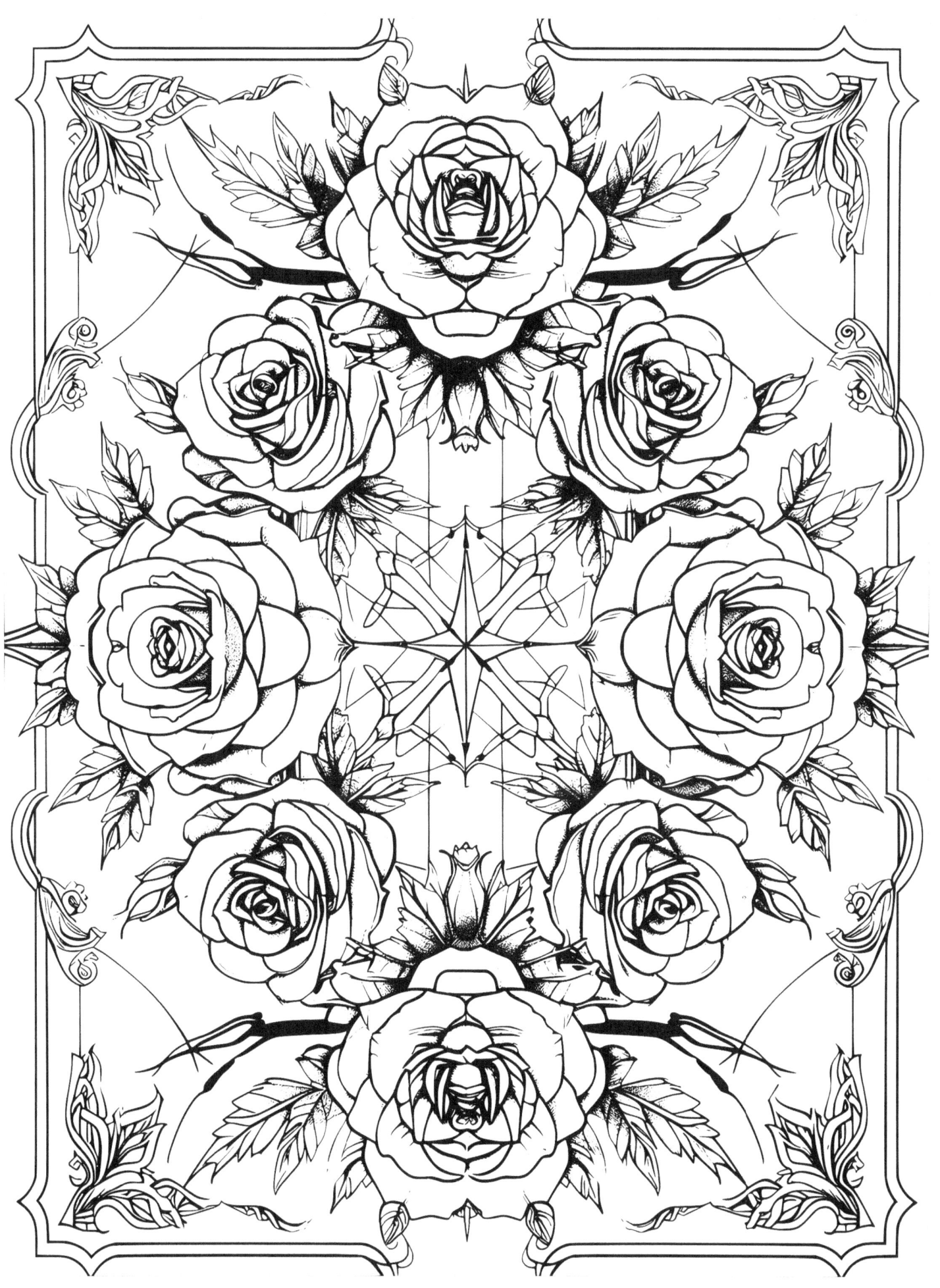

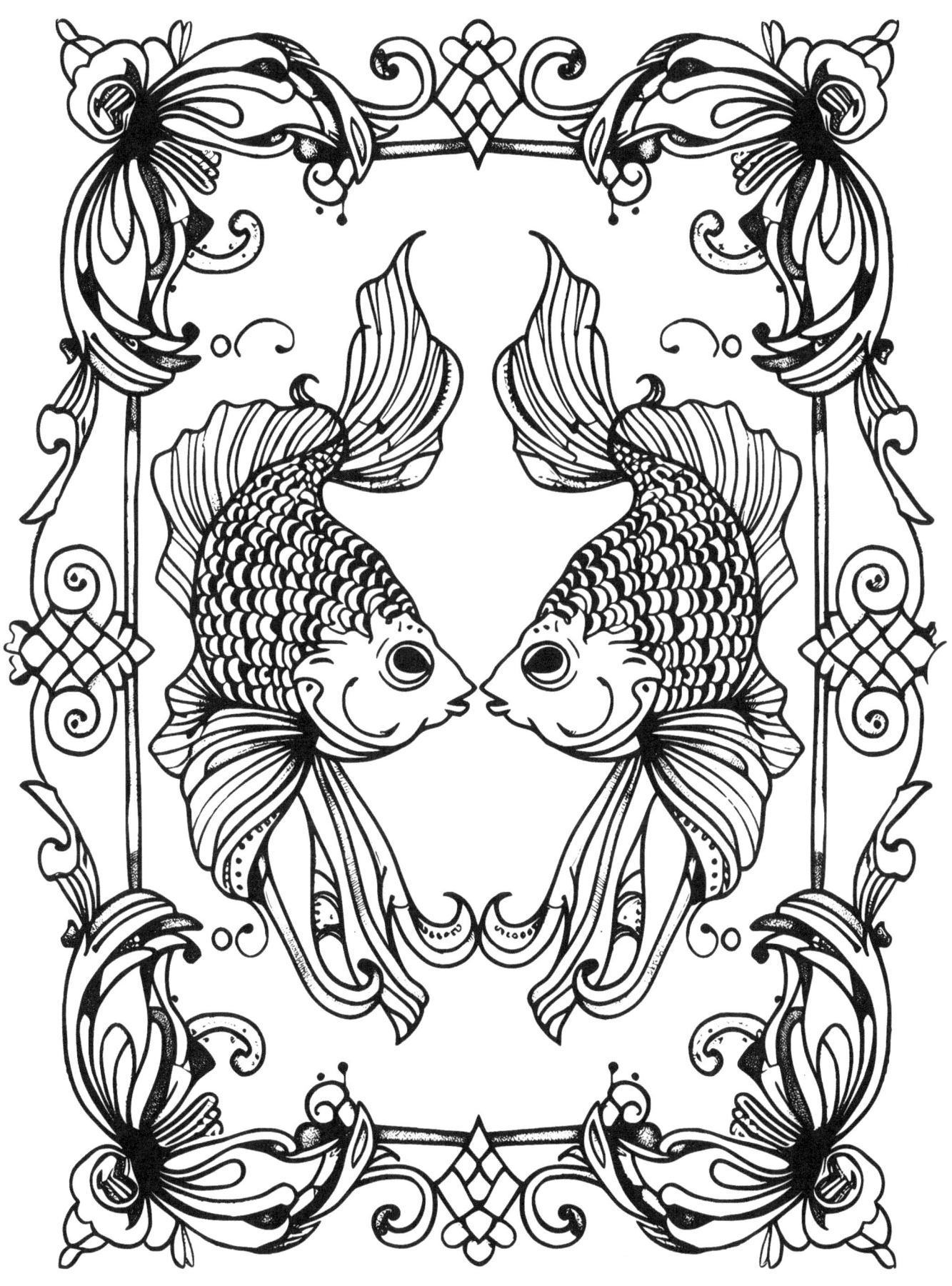

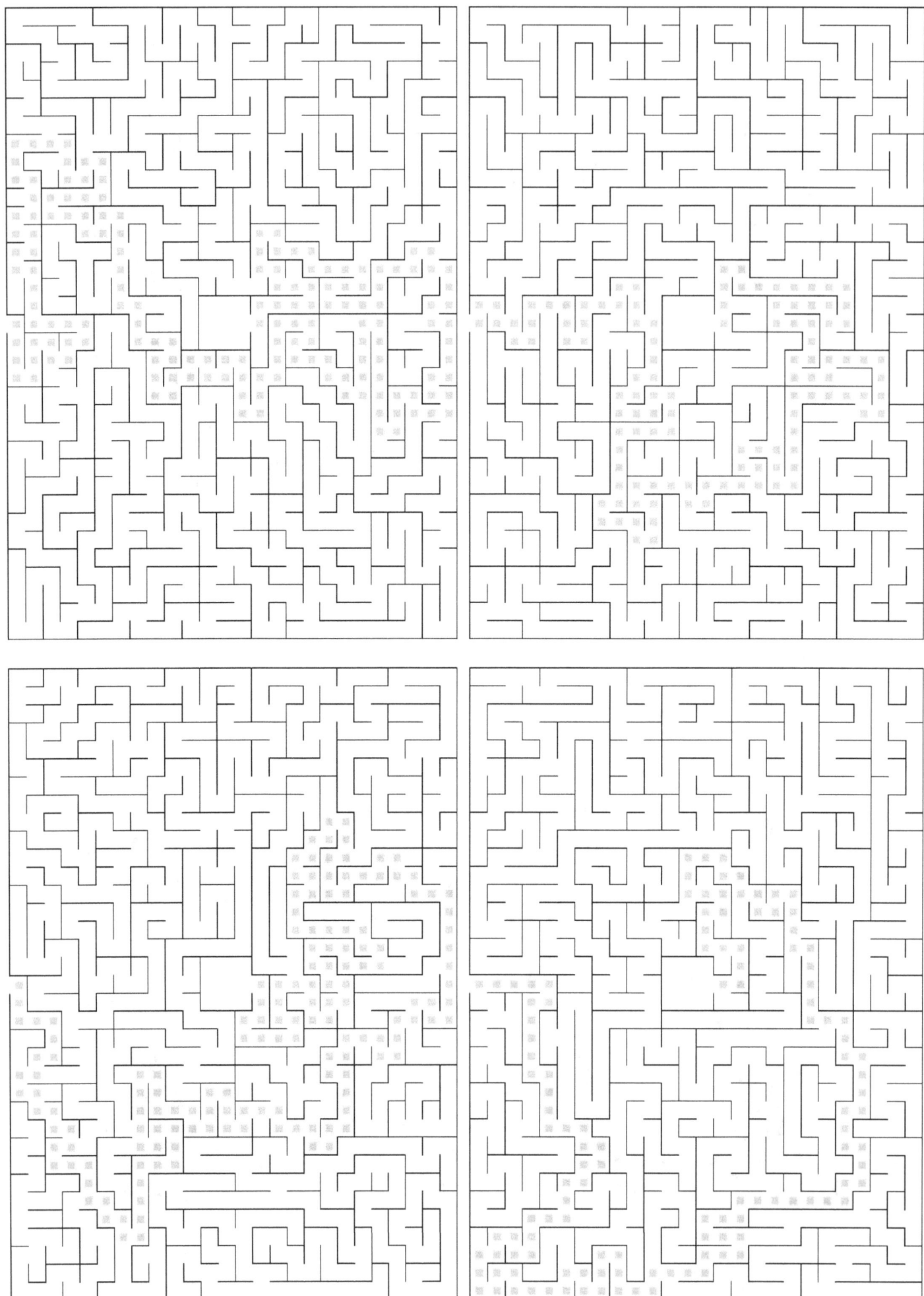

Vielen Dank für Ihren Kauf!
Scannen Sie den Code oder geben Sie die Webadresse ein, um Ihre 25 zusätzlichen Illustrationen und 20 Labyrinthe herunterzuladen. Zögern Sie nicht, uns zu ermutigen, indem Sie uns Ihre Meinung auf Amazon hinterlassen.

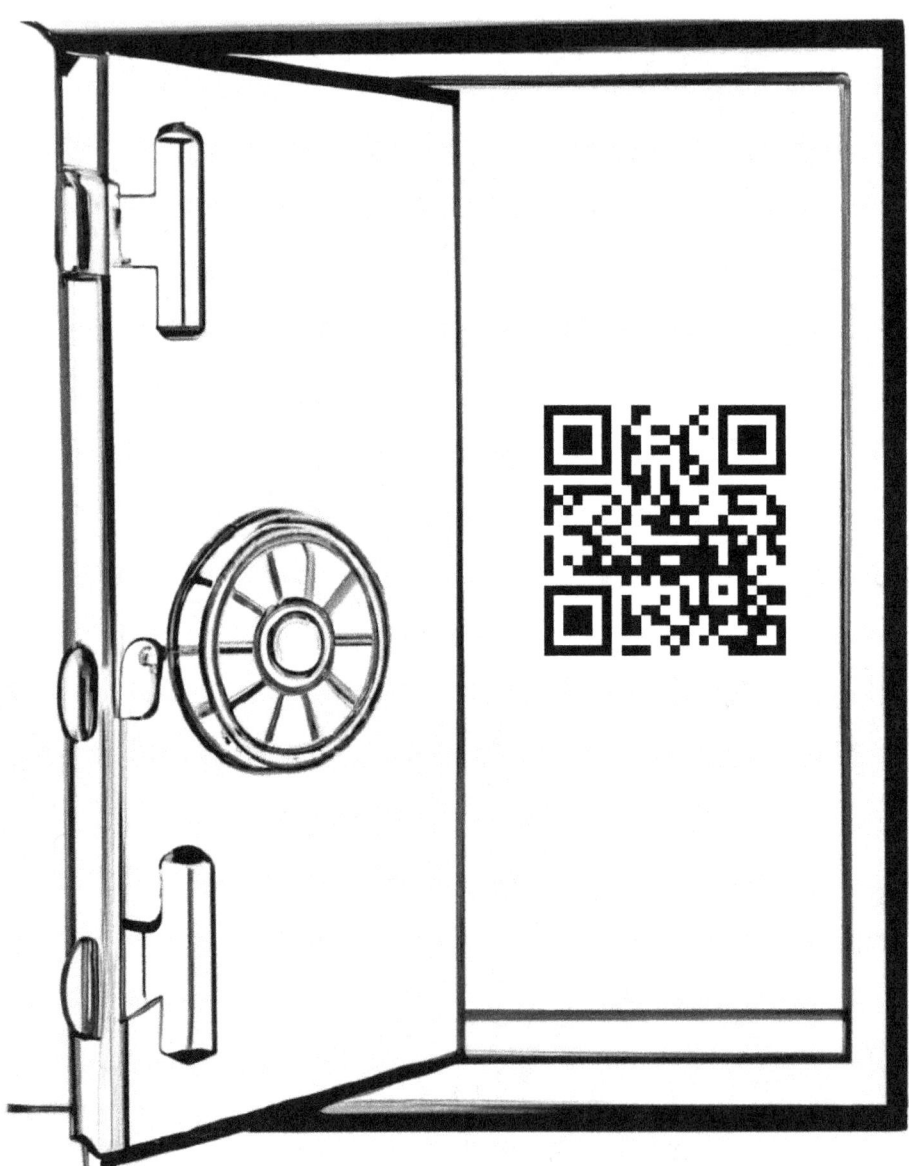

https://shorturl.at/gmG19

www.ingramcontent.com/pod-product-compliance
Lightning Source LLC
Chambersburg PA
CBHW062222220526
45471CB00009B/3303